企業審査と
リスク・マネジメント

CREDIT ANALYSIS AND
RISK MANAGEMENT

与信管理強化、
粉飾決算防止の処方箋

政策研究博士
末松 義章 [著]

一般社団法人 金融財政事情研究会

はしがき

　本書の目的は、リスク・マネジメントにおける与信管理（信用リスク・マネジメント）の立ち位置を明確にすることによって、リスク・マネジメントの全体像を把握できるようにすることです。

　そこで、第一に、与信管理（信用リスク・マネジメント）の最新の考え方を述べます。すなわち、「事故は人災である」という考えです。第二に、事故の発生を抑止するのは、立場ごとに各当事者が倫理を守り、仕事に対して誠実であることが求められているという考えです。そのうえで、狭義のリスク・マネジメントである内部統制の歴史と現在の考え方を述べます。そして最後に、与信管理上の事故も含めて、事故発生を抑止するための、企業統治（コーポレート・ガバナンス）のあり方についての提案をしたいと思います。

　本書は、（社）日本監査役協会発行の月刊誌「月刊監査役」に2年間にわたって連載したものをベースに、加筆・修正を行ったものです。

　（社）日本監査役協会に謝意を述べるとともに、（一社）金融財政事情研究会出版部の皆様にも深く感謝申し上げます。

　平成23年8月

　　　　　　　　　　　　　　　　　　　　　　末松　義章

〈著者略歴〉

末松　義章（すえまつ　よしあき）

1944年東京生まれ。

1968年慶應義塾大学経済学部卒業、
　　　日商岩井㈱入社。同社審査部を経て、㈱ワタエイ出向、同社常務取締役。

1997年㈱ジェイアール東日本商事入社。同社取締役管理審査部長、㈱ジェイアール東日本マネジメントサービス取締役、東日本旅客鉄道㈱調査役を経て、

2006年㈱ジェイアール東日本商事顧問。

2005年千葉商科大学大学院客員教授（現在に至る）。
2007年甲南大学大学院講師（～2009）。
2008年文京学院大学外国語学部講師（現在に至る）。

2010年千葉商科大学大学院博士課程修了、博士（政策研究）。

著書　『実戦で使える与信管理の手引』（商事法務研究会）、『倒産のしくみ』（日本実業出版社）、『営業・財務を強くする与信管理のしかた』（中央経済社）、『不正経理処理の実態分析』（中央経済社）、『倒産・粉飾を見分ける財務分析のしかた〔第4版〕』（中央経済社）　他

目 次

序　リスク・マネジメント総論

はじめに ………………………………………………………………… 2
序　章　リスク・マネジメントの概念 ………………………………… 4

第1部　信用リスク・マネジメント（与信管理）

第1章　信用リスク・マネジメント（与信管理）にみるリスク・マネジメント ……………………………………………………… 8
　1　はじめに …………………………………………………………… 8
　　(1)　信用リスク・マネジメント（与信管理）の流れ …………… 9
　　(2)　信用リスク・マネジメント（与信管理）の概念図 ………… 11
　2　事故は人災 ………………………………………………………… 13
　　(1)　危ない営業マンのタイプ …………………………………… 13
　　(2)　ベテランやエース …………………………………………… 15
　　(3)　経営者（特に社長） ………………………………………… 15
　3　職業倫理について―掟＝約束事― ……………………………… 17
　　(1)　監査役6つの掟 ……………………………………………… 19
　　(2)　経営者10の掟 ………………………………………………… 23
　　(3)　営業マン7つの掟 …………………………………………… 33
　　(4)　審査マン8つの掟 …………………………………………… 38
第2章　信用リスク・マネジメント（与信管理）における定性分析の概要 …………………………………………………………… 49
　1　はじめに ………………………………………………………… 49

  2 内部情報 ··· 53
   (1) 債権残高管理と新規取引 ····································· 53
   (2) 営業がつかんでくる取引先の定性情報 ·············· 55
  3 外部情報 ··· 58
   (1) 危険性のある取引形態（取引の動機） ·············· 58
   (2) 取引先企業の社歴・社風 ····································· 61
   (3) 経営者の人となり ·· 61
   (4) 何に投資をしてきたか ··· 62
   (5) う わ さ ··· 63
第3章 信用リスク・マネジメントにおける事例紹介 ···················· 65
 1 親子間のサンドイッチ取引への介入を回避 ················· 65
 2 図らずも担保依存取引となり大きな焦げ付きが ········· 68
 3 審査を無視して取引開始した会社が倒産 ···················· 71
 4 社長の人柄を信頼して融資を実行 ································ 74
 ●コーヒーブレイク●事故防止は失敗から学べ ························· 77

第2部 粉飾決算防止の観点からのリスク・マネジメント（内部統制）

第4章 日米比較によるおもな粉飾事件と内部統制の変遷 ············· 80
 1 戦前（1945年以前）のおもな動向 ································ 80
 2 戦後（1945年）から昭和50年（1975年）頃までのおもな動向 ····· 84
 3 昭和50年（1975年）から平成2年（1990年）頃までのおもな
   動向 ··· 88
 4 平成3年（1991年）以降現在まで ································ 96
第5章 粉飾防止のための内部統制と監査体制の課題と変遷 ········· 97
第6章 内部統制の基本的考え方——基盤としての経営者の倫理観・

		誠実性 …………………………………………………………102
	1	内部統制について …………………………………………102
	2	職業倫理の重要性 …………………………………………105
	3	まとめ ………………………………………………………107

第7章 日本における制度改正の現状 ……………………………109

  1　はじめに …………………………………………………………109
  2　企業統治と内部統制のあり方 …………………………………110
    ⑴　内部統制の確立と経営者による宣誓の法制化 ……………110
    ⑵　監査役機能の強化 ……………………………………………111
    ⑶　罰則の強化 ……………………………………………………111
  3　公認会計士・監査法人の独立性の強化 ………………………112
    ⑴　公認会計士法1条で、初めて公認会計士の使命・職責を明
       確化 ……………………………………………………………112
    ⑵　公認会計士・監査法人の独立性の強化 ……………………113
    ⑶　同一会計士による継続的監査の制限 ………………………113
    ⑷　監査法人・公認会計士への監視体制を強化するため、公認
       会計士・監査審査会が金融庁から独立して創設された …114
    ⑸　監督官庁の干渉を招きやすい監査法人の許可制を廃止し、
       届出制とした ……………………………………………………115
    ⑹　CPE（継続的職業教育）の実施 ……………………………115

第8章 違法な粉飾決算に対する法的規制と刑罰 ………………117

  1　はじめに …………………………………………………………117
  2　民事責任 …………………………………………………………119
    ⑴　会社に対する責任 ……………………………………………119
    ⑵　第三者に対する責任 …………………………………………120
    ⑶　株主代表訴訟（会社法847条） ……………………………121
  3　刑事責任 …………………………………………………………123

(1) 特別背任罪（会社法960条1項）……………………123
　　(2) 会社財産を危うくする罪（会社法963条5項）……………123
　　(3) 虚偽文書行使等の罪（会社法964条）……………………124
　　(4) 内部統制関連の罰則………………………………124
　4 信用失墜行為による懲戒処分…………………………126
　5 内部告発（公益通報者保護法）…………………………127
　6 米国サーベンス・オクスレー（略称：SOX）法との対比………128

第9章 粉飾決算の事例…………………………………129
　1 山陽特殊製鋼の粉飾の実態……………………………129
　2 カネボウの粉飾の実態…………………………………134
　　(1) 修正貸借対照表の要約……………………………137
　　(2) カネボウの粉飾の実態……………………………138
　　(3) カネボウと山陽特殊製鋼との比較…………………139
　●コーヒーブレイク●小が大を飲み込む………………………141

第3部　粉飾決算防止に向けて

第10章 粉飾決算防止の方向性……………………………144
　1 監査役・内部監査部門の現状…………………………144
　　(1) 監査役の現状……………………………………144
　　(2) 内部監査部門の現状………………………………147
　　(3) まとめ……………………………………………150
　2 監査役を中心とした監視機能の歴史とその役割の変化…………153
　　(1) 商法からみた歴史的背景…………………………153
　　(2) 日本型労使慣行に起因する背景……………………154
　　(3) 銀行による監視機能の低下………………………156
　　(4) 外部監査人の機能不全……………………………157

(5)　ま と め……………………………………………………158
　3　企業内自治機能回復のための施策……………………………161
　(1)　経営者の意識改革………………………………………161
　(2)　監査役の地位・身分の独立……………………………162
　4　企業外からの監視強化…………………………………………169
　(1)　証券取引等監視委員会の強化と重点審査の実施………169
　(2)　与信管理者による企業外からの監視…………………169
　5　ま と め………………………………………………………172
第11章　日本の社会・経済秩序の回復のために……………………173
　●コーヒーブレイク●人を大切にすることが経済再生の出発点…………177

序

リスク・マネジメント
総　論

はじめに

　米国では、企業におけるリスク・マネジメントシステムとは、内部統制システムと同一のものである。米国においては、内部統制という概念は20世紀初頭からAIA（米国会計士協会）を中心に議論が行われてきた。その後、粉飾事件の多発とともに、内部統制に関する議論は一層深化していった。このように米国においては、多発する粉飾事件に対する対策として、約1世紀にわたって、内部統制の議論が行われてきた。

　一方、わが国日本においては、内部統制についての議論は、昭和26年に、大蔵省や通商産業省の諮問機関で行われたが、議論は進まなかった。その後昭和40年の山陽特殊製鋼の倒産で、多額の粉飾（119億円）が発覚し、内部統制システムの必要性が指摘されたが、実効性のある議論は行われることはなかった。

　平成7年に発覚した大和銀行ニューヨーク支店における米国債の1,000億円にのぼる不正取引事件と、平成12年における大和銀行株主代表訴訟の判決が大きなきっかけとなって、内部統制について真剣に議論が行われるようになった。すなわち、わが国日本における内部統制システムの議論は、実質的には、最近のわずか11年間にすぎないことになる。

　しかしながら、広義のリスク・マネジメントという視点からわが国日本の歴史をみると、信用リスク・マネジメント（与信管理）は、昭和30年頃から半世紀超の歴史がある。米国における内部統制は、いわゆる狭義のリスク・マネジメントとしての議論であり、一方日本にお

ける信用リスク・マネジメント（与信管理）は、広義のリスク・マネジメントの概念である。すなわち、日本ではリスク・マネジメントの本質を理解するためには、半世紀の歴史がある信用リスク・マネジメント（与信管理）の考え方や実務を知ることが重要であるといえる。

以上の考え方に基づいて、本書は第1部で信用リスク・マネジメント（与信管理）の最新の概念を述べ、広義のリスク・マネジメントに対する読者諸兄の理解を深めたいと考えている。

次に第2部では、狭義のリスク・マネジメント（内部統制）が、特に米国では企業の粉飾事件等が大きなきっかけとなって、いかに議論が深化してきたかを、日米比較による歴史をみながら論じ、経営者の倫理観の重要性を指摘した。さらに、日本における内部統制についての制度の現状と、違法な粉飾決算に対する法的規制と刑罰についても述べた。

最後に、本書の第3部では、不正な行為である粉飾決算の発生を防止するための施策に対する私案を述べた。

リスク・マネジメントは結局のところ、業務を執行する立場の人々、特に経営者の誠実さに負うところが大であり、執行部門に対する監視役（監査役や審査等）の役割も同様に重大であることを認識すべきであると思料するものである。

序章

リスク・マネジメントの概念

　リスク・マネジメントは、内部統制としての狭義のリスク・マネジメントと危機管理としてのクライシス・マネジメントを含む概念である。

　狭義のリスク・マネジメントの目的は、リスクが顕在化することを**予防**することである。その観点からみて、狭義のリスク・マネジメントは内部統制の概念と同一のものである。一方クライシス・マネジメントは、リスクが顕在化した後の危機に対処するものであり、顕在化したリスクの火をすみやかに消し止めることが目的である。さらに今

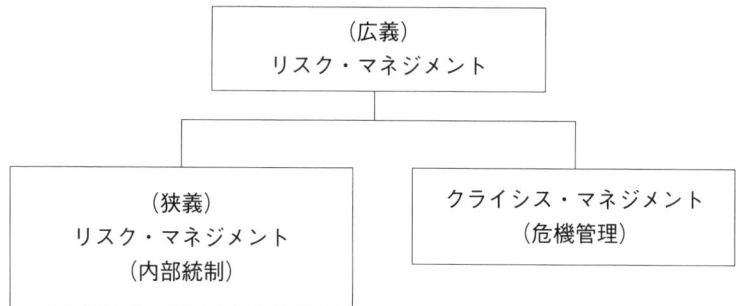

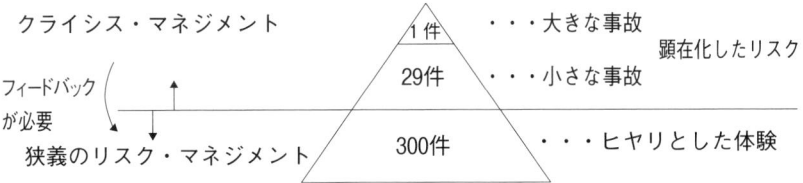

後の教訓とし、以後、同様のリスクが顕在化しないようにするために、狭義のリスク・マネジメントシステム（以下「内部統制システム」という）の修正を行うことを含む概念である。

ハインリッヒの法則[1]によると、「大きな事故1件の後ろには、29件の小さな事故がある。さらに大小あわせた30件の事故の後ろには300件のヒヤリとした体験がある」と指摘されている。

狭義のリスク・マネジメントは、内部統制システムを構築することから始まり、ヒヤリとした体験の段階で、構築されている内部統制システムの修正を行い、事故へつながることを事前に予防することがおもな目的である。一方、クライシス・マネジメントでは、起きた事故をすみやかに消し止めることが主目的である。あわせて、発生した事故の原因を究明し、内部統制システムの欠陥を調べ、システムの修正を行うことを含むものである。

信用リスク・マネジメント（与信管理）は、狭義のリスク・マネジメントとクライシス・マネジメントを含む広義のリスク・マネジメントである。すなわち、信用リスク・マネジメント（与信管理）を知ることは、広義のリスク・マネジメントを理解することにつながるもの

1　畑村洋太郎（2004）『失敗学のすすめ』講談社。

である。

　従来、信用リスク・マネジメント（与信管理）が対象としたのは、主に取引先からのリスクであるといわれてきた。しかし、最新の信用リスク・マネジメント（与信管理）の考え方では、社内外で生じるあらゆるリスク（特に人によってもたらされるリスク）を対象とするものであるとされている。

第 1 部

信用リスク・マネジメント（与信管理）

第 1 章

信用リスク・マネジメント（与信管理）にみるリスク・マネジメント

1 はじめに

　リスク・マネジメントのなかで、日本では最も歴史があり（約50年間超）、理論体系が確立されている信用リスク・マネジメント（与信管理）を中心に、その考え方を概説し、リスク・マネジメントの全体像を理解するための一助としていただきたい。

　企業にとって、リスクは企業内のリスクと企業外からのリスクと2種類があるといわれている。企業外からのリスクのなかで最も重大なものが取引先からのものである。これを取り扱っているのが信用リスク・マネジメントであるとされてきた。しかし、最新の考え方では社内外で生じるあらゆるリスク（特に人によってもたらされるリスク）を対象とするものであるとされている。

(1) 信用リスク・マネジメント（与信管理）の流れ

そこでまずはじめに、信用リスク・マネジメント（与信管理）の業務を明確にするため、その流れを図示すると次のとおりである。与信管理業務は、大別して4つの業務に区分されている。

① 与信判断業務

取引先から取引の申込み・引合いがあった段階で、当該取引先の信用状態を判断する。その際に定性分析や定量分析等の分析手法を使い、信用の格付を行う。そのうえで、当該取引先との取引の可否や取引金額の上限、さらに必要に応じ担保取得等の取引の条件を明らかに

信用リスク・マネジメント（与信管理）の流れ

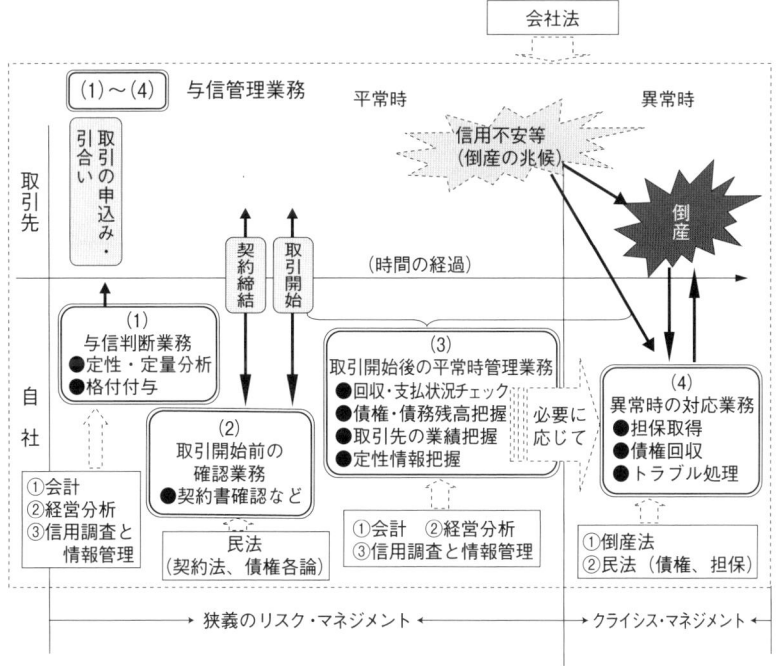

する。

(補足説明)　定量分析とは、取引先の財務諸表を使い、財務分析等の分析手法によって、取引先の財政状態を把握し、取引の可否を判断するもの。次に定性分析とは、財務諸表以外のその取引先に関するあらゆる情報から、取引先の異常性を発見する分析手法のことをいう。

② 取引開始前の確認業務

取引先と契約の内容を確認し、契約書の締結を行う。そのうえで、当該取引先との取引を開始する。

③ 取引開始後の平常時管理業務

取引開始後に、常時行わなければならない管理業務がある。

1　当該取引先からの債権の回収状況や当該取引先への債務の支払状況を常時チェックすることが必要である。売込先からの回収状況のみならず、仕入先への支払状況をチェックするのは、社員による横領事件が、仕入先と結託するケースによるものが多いためである。

2　毎月末には、当該取引先に対する債権残高と債務残高を把握し、前月末・前々月末等との比較をしながら、その異常性を発見する必要がある。

3　取引先の業績を把握するため、最低でも年に1回、可能ならば、中間決算や四半期決算、さらには月次決算を含め、取引先の決算書を入手し、取引先の業績を確認することが必要である。

4　定量分析に必要な決算書以外に、当該取引先の定性情報を常時把握することも重要である。

④ 異常時の対応業務

取引先の業績が悪化する等によって、当該取引先の信用状況に大きな変動が生じた場合には、

1　当該取引先から、債権保全のためになんらかの担保を取得する。

2　場合によっては、債権回収を早める。
3　さらには、当該取引先の倒産に伴うトラブル処理。
等の対応業務が必要となる。

　上記①～③が狭義のリスク・マネジメントで、④がクライシス・マネジメントの範疇に入る概念である。

(2) 信用リスク・マネジメント（与信管理）の概念図

　次に、信用リスク・マネジメントの概念図を示すと下記のとおりである。従来は、企業の外にあるこの取引先からもたらされるリスクを中心に、信用リスク・マネジメントの理論体系が構築されてきた。
　ところが、危険度の高い取引先との取引が一向に減少しないのは、

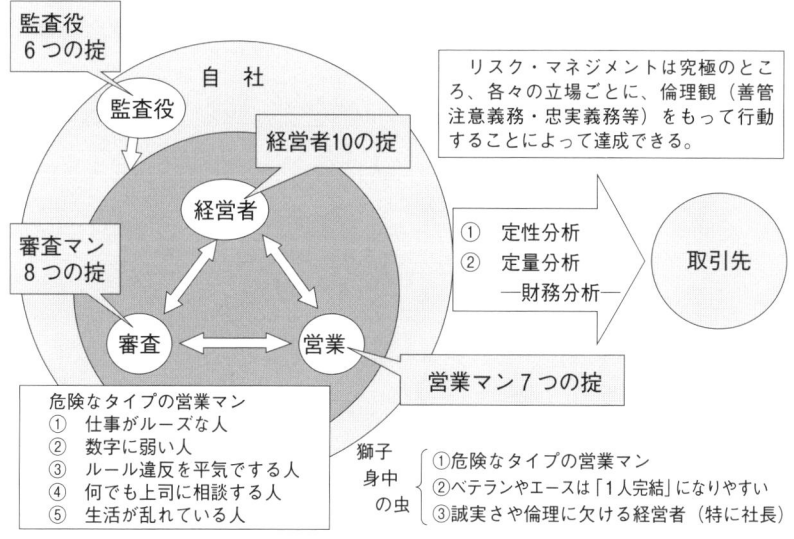

危ない会社の見分け方―事故は人災―

企業内に存在する「獅子身中の虫」に原因があるのではないかとの認識が近年指摘されるようになってきた。すなわち、「事故は人災」であるとの考え方が、信用リスク・マネジメントの世界でいわれるようになってきたためである。

この「獅子身中の虫」の動きを抑止するのが、企業統治における相互の間での監視活動であるといえる。すなわち、監査役による執行部門に対する監視活動や執行部門内における経営者間、さらには経営者・営業・審査間での相互監視活動等がある。

さらにこの監視活動を、有効にするものが、内部統制のバイブルといわれているCOSOレポート（COSOはThe Committee of Sponsorning Organizations of the Treadway Commissionの略称）で指摘されている経営者の「誠実性と倫理的行動」である。しかしながら経営者のみならず、監視をする者や業務を執行する者が、各々の立場で守るべき約束事（掟）がある。この約束事（掟）を遵守することが、獅子身中の虫の動きを抑止し、人災である事故の発生を防ぐ最も効果的な行為といえる。

2 事故は人災

　事故は人災であるというのが筆者の結論である。天災による事故がまったくないわけではないが、事故のほとんどは、「人」が原因で起きるものである。

　事故はその人が引き寄せたり、存在することによって起きるというのが、正確な言い方であろう。倒産しそうな会社の経営者やはじめから騙そうとしている人たちは、厳しい営業マンよりも、脇の甘い担当者のところへ擦り寄っていくのが道理である。

　また、公金を横領してしまう社員や粉飾を平気で行う経営者等、企業で起きる事故は、すべて人が引き寄せたり自ら起こすのが現実である。

　企業内には、企業を蝕む獅子身中の虫が大きくいって、3種類いる。すなわち、①自己管理のできない危険なタイプの営業マン、②周りからの監視が不十分で、「1人完結」に陥りやすいベテランやエース、③誠実さや倫理に欠ける経営者（特に社長）等である。

(1) 危ない営業マンのタイプ

　事故を起こした営業マンの性格を分析した結果、危険な営業マンのタイプというものがあることが判明した。それは次の5点である。

① **仕事がルーズな人**

　本当は、今日注文書を発行しなければならないのに、延ばし延ばしにするというように、仕事がルーズなタイプの人である。

② 数字に弱い人

　数字の変化に対する感受性があるか否かだ。決算書上の数字の変化もさることながら、債権残高の変化等から、その数字の変化の意味を見つけ出すことができることが重要である。

③ ルール違反を平気でする人

　どの企業にも、社内ルールがあると思うが、そのルールに違反する人、すなわち他人との約束を守れない人、または平気で約束を破る人は危険である。

④ 何でも上司に相談する人（アリバイづくりをする人）

　これは少し奇異に映るかもしれないが、ここでいう相談とは、報告ではない。取引先が危ないかどうかというのは、結局は第一線で働いている営業マンがいちばんよくわかっているはずなのに、取引先の危険性について、十分に情報を提出せずに、上司に相談するタイプがいる。これは、往々にして責任を転嫁したいという心の働きの結果だということがある。つまり、責任逃れをしているわけだ。すなわち、上司に責任を転嫁することを目的に、相談したというアリバイをつくるタイプの人のことである。上司に対しては、必ず報告することが必要だが、上述のような意味で相談する人は、きわめて危険である。

⑤ 生活が乱れている人

　遊興にお金を使いすぎて消費者金融に手を出したり、友人や知人に借金するような生活破綻型のタイプは、事故を起こす可能性がきわめて高い危ないタイプの営業マンといえる。

　以上の5つを総合すると、自己管理の甘い営業マンが危ないということだ。

事故回避のために、とるべき方策はいろいろあるが、最後に行きつくところは営業マンの性格である。事故は自己管理の甘い営業マンに吸い寄せられる。事故を起こしやすい人は、また起こすのだ。資金繰りの苦しい会社の社長や、最初から騙そうとしてかかってくる人にとって、自己管理の甘い営業マンは騙しやすい、利用しやすいタイプといえる。

(2)　ベテランやエース

　管理部門・営業部門を問わず、長年にわたって同一の業務をこなし、精通しているベテランやその業務の第一人者といわれるエースに対する周囲からの監視活動はおろそかになりやすい傾向がある。
　その結果、
① 　ベテランやエースによる横領や事故等の発覚が、通常に比べて遅くなり、損失が大きくなる傾向がある。
② 　周囲からの監視がおろそかなため、自己管理が甘くなり、横領や事故の隠蔽等の行為を行おうとする誘因が働きやすい。
等が指摘できる。
　対策としては、担当を定期的に替える等、ローテーションを行うことと、すべてを1人に任せきりにしない、いわゆる「1人完結を認めない」等を徹底することである。

(3)　経営者（特に社長）

　社長は、現在の企業組織上、オールマイティといってもいいだろう。その社長に直言・諫言するのは大変勇気のいることだ。辞表を出すことを覚悟のうえでなければできることではない。したがって、社

長に度量がない限り、部下は直言・諫言をしなくなり、社長は裸の王様になりがちである。すなわち、社長のワンマン化は時間の問題となる。

　さらに、誠実さや倫理に欠ける経営者は、自らが違法な行為や隠蔽を率先して行う等、最も危険な「虫」になる可能性が高い存在といえる。

3　職業倫理について─掟＝約束事─

　本項の解説を行うにあたって、はじめに次の質問にお答えいただきたい。なお、この質問は、あくまでも監査役制度を採用している日本の企業でのお話とご理解願いたい。

質問①：企業で最もリスクの高い人はだれですか。
質問②：企業内で最も牽制機能が法的に付与されているのはだれですか。
質問③：リスク・マネジメント上、最も重要なことは何ですか。
質問④：内部統制の定義は何ですか。

　以上の質問について正確に答えられる方は、リスク・マネジメントや内部統制の本質を理解されているといっても過言ではない。
　それでは、これから各質問に対する筆者なりの回答を申し上げる。

回答①：それは社長です。
　　　　社長は、現在の企業組織上、オールマイティといってもいいでしょう。その社長に直言・諫言するのは大変勇気のいることです。辞表を出すことを覚悟のうえでなければ、できることではありません。
　　　　したがって、社長に度量がない限り、部下は直言・諫言をしなくなり、社長は裸の王様になりがちです。すなわち、社長のワンマン化は時間の問題となります。

> 回答②：それは監査役です。
>
> 　　　　監査役の任期は、取締役と異なり4年間もあります。また執行部門の経営者を監視することが最も求められている存在です。
>
> 回答③：各人がその立場ごとに当たり前のことを当たり前に行うことです。
>
> 　　　　現在企業で発生する不祥事は、社内におけるなれ合いが原因といえるでしょう。各人がその立場ごとに本来やるべきことを当たり前に行えば、牽制が働き、なれ合いにはなりにくいはずです。当たり前のことを当たり前に行うことが重要なゆえんです。
>
> 回答④：社内外で発生するリスクを予測し、コントロールを行い、リスクが顕在化し、事故につながることを予防するための仕組みとその運用のことをいいます。
>
> 　　　　事故にならないように、予防することが、内部統制の要諦です。

　すでにご承知のとおり、経営者の「誠実性や倫理的行動」、また「高潔さ」は、リスク・マネジメント上、重要な事項である。このことは、1992年版のCOSOレポートや、2004年版の改訂COSOレポート（Enterprise risk management）に指摘されていることでもある。

　そこで監査役や経営者、そして営業マンや審査マンに守っていただきたい約束事（掟）を以下に述べさせてもらう。これはあくまでも筆

者自身の独断と偏見に基づいてまとめあげたものであることをご承知おき願いたい。

(1) 監査役6つの掟

> **監査役6つの掟**
> ① 執行部門の饗応に応ずべからず
> ② 体調を常に整えるべし
> ③ 心を常に平静に保つべし
> ④ 勇気をもって真実を語るべし
> ⑤ 聞き役に徹すべし
> ⑥ 信義を守るべし

① 執行部門の饗応に応ずべからず

　執行部門からの饗応に応じ、彼らと親しく接していると、情が移り冷静な判断ができなくなることがある。正しい判断を行うためには、すべての執行部門と一定の距離を置いてお付合いをすべきである。

　執行部門としては当然のことながら、後ろめたいことがあればあるほど、監査役を饗応するということがありうる。一度饗応に応じてしまうと、「借り」ができてしまう。さらには、「情」が移ってしまうこともある。このような心理状態では、よほど精神的に強い人間でない限り、監査役として正しい判断をするにあたって、なんらかの悪影響が生じてしまう。

監査役は嫌われる存在

　監査役という仕事は、本来孤独なものである。社内の人々と、あま

り親しくなりすぎず、ほどほどに距離を置いて付き合わなければいけない。したがって周囲からは、あまり理解をされない。社長を含めた執行部門に対して問題を指摘する立場にあるだけに、場合によっては嫌われる存在でもある。使命感がなければ、正直なところ割の合わない仕事だ。

なかよし監査と正しい監査

執行部門との関係において、監査役には2つのタイプがある。

① なかよし監査

　執行部門とのトラブル発生を極力回避し、和を重んじながら監査しようとするこのタイプは、社内の和は保てるが、事故防止には大きな力を発揮できない。

② 正しい監査

　真実を語りながら、正しい監査をしようとするこのタイプは、周囲の理解がなかなか得られず、社内の和が乱れることがある。しかし事故防止に大きな効果をあげることができる。

---

② 体調を常に整えるべし

　監査役には「好奇心」と「気力」が必要である。そして、これを支えるものが「体力」だ。

　事故の発生を防止するためには、社内の異常性をすみやかに発見したうえで、その異常性の原因・理由を徹底的に追究し、そしてその情報をもとに、社長に改善を促すことが必要である。これによってはじめて事故の発生を防止することができる。

　社内の異常性を発見し、その原因を追究していくための動機づけと

して、「好奇心」がある。好奇心がなければ、異常さに気づいても、その原因を調べてみようという動機づけがない。

そのうえで、原因を根気よく、とことんまで追究するには「気力」が必要である。そしてこの気力を支えるのが「体力」であり、「体調の良好さ」にある。

二日酔い、頭痛、腰痛など、体調が不調であれば、気力が衰え根気が失われがちである。根気が失われれば、原因をとことんまで追究する意欲が薄れ、適当なところで自分なりに納得し、真相に迫ることがなくなってしまいがちである。

ここに、「常に体調を整える」ことの意味とその重要性があるといえる。

③ 心を常に平静に保つべし

情報は、監査役にさまざまなことを訴えてきている。このオーラ(雰囲気や気配)をキャッチするためには、感受性の高さと平静な心が必要だ。

期待感、欲、偏見、思い込み、そして心の乱れなどがあると、オーラを正しくキャッチすることができなくなる。

すなわち、異常性の発見が遅れてしまう。

常に物事に関心をもち続け、そして心を平静に保っていれば、社内の異常性という「におい」を感じ取ることができるはずである。この「感じ取る」ことが、監査役として大変に重要なポイントなのである。感じ取ることができなければ、社内の異常性を見過ごしてしまうことになる。

しかし「感じ取る」ことができても「平静な心」がなければ、異常性を正しくキャッチすることができない。色眼鏡をかけてみてしまう

ことになる。ここに「心を常に平静に保つ」ことが重要である理由がある。

情報収集にあたって、監査役にとって重要なサポート役になるのが、内部監査部門と監査役室のスタッフおよび審査部門である。彼らとの良好な関係を築くことが重要であることはいうまでもない。

④ 勇気をもって真実を語るべし

真実は、真実であればあるほど、聞かされる者にとって耳障りなものである。監査役が真実を語ることには、大きな勇気が必要となる。

真実を語れば、執行部門から煙たく思われがちである。しかし、事故発生防止のためには、真の姿を浮き彫りにし、実態をつかむことが、絶対に必要な要件といえる。

監査役の仕事を忠実に実行しようとすればするほど、執行部門から恨まれてしまう。「監査役ほど因果な商売はない」と思う。だからこそ、監査役に求められる最も必要なことは、「使命感」と「忍耐」ではないかと考える。

⑤ 聞き役に徹すべし

社内の異常性発見のためには、内部監査部門や監査役室のスタッフおよび審査部門以外からもより多くの情報をすみやかに入手することが必要である。情報源には、決算書などの静態的なものと、人間についてくる動態的なものとがある。ここでお話をしたいのは、この動態的な情報源についてである。

人の心は浮き草のごとく変わりやすいものである。話しやすい人のところへ情報はついていく。

「あの人のところへ行けば、心地よいし、話を聞いてもらえる。さらには、貴重な情報も教えてもらえる」。このような信頼を勝ち得た

人のところへ、人が集まり、情報が集まる。

情報収集の方法は、人それぞれにやり方があると思う。飲み屋へ誘い、アルコールを媒介にして情報を得る方法、また律儀に何度も何度も当事者と会い、本音を聞き出す方法等々があるが、いずれの方法においても重要なことは、「聞き役に徹する」ことである。

⑥ 信義を守るべし

人間として当たり前のことだが、「信義」を守ることは、よき人間関係をつくるうえでの基本的要件といえる。重要な情報は信義のある人のところへ集まっていく。「情報源を明かさない。あるいは、ほかへその情報をもらさないなどの情報提供者との約束を守ることは、人間としての根源的な信頼感につながるもの」といえる。

このことが、ここでいうところの「信義を守るべし」ということである。

信義を守るということは、口でいうほどになまやさしいことではない。自分の立場が危うくなったときに、約束を守り通すことは至難の業である。

人間は心が弱い生き物だ。それだけに、追い詰められたときに、偽証したり、約束を反故にしてしまうことがよくある。一時的には、自分にとってはよくても、長い目でみれば、人間関係を崩壊に導く原因となる。

(2) 経営者10の掟

経営者10の掟

① ベストの人材を登用すべし

② 直言・諫言する者を身辺に置くべし
③ 悪い情報を聞く耳をもつべし
④ 部下の説明はよく聞くべし
⑤ 片寄った付合いをするべからず
⑥ 情に流されず、常に冷静であれ
⑦ 部下への指示は簡単明瞭にすべし
⑧ 物事は部下本人に決めさせるべし
⑨ 部下には、すべからくチャンスを与えよ。1年たって応答しないものは切り捨てるべし
⑩ 現場の意見を吸い上げるべし

① ベストの人材を登用すべし

「クライスラー社の総帥だったリー・アイアコッカによると、『私の見るところ、企業にとって最大の危険は、能力のない者を信じて権限を渡してしまったときに起こる。そのような連中は最初に"私にはできません"と正直に言うべきことを知らない。そして失敗したときは、えてして周囲の全員を自分の失敗に引きずり込むものである』」
（出典：飯塚昭男『WEDGE』平成11年2月号）

情実で人を配してはならない。

情にからまなければ登用することのできない人物には、もともとマネジメント能力などはないのだ。このような人物を登用することは悲劇の始まりである。彼は、自分の部下を選ぶときには、自分よりも「小物」を選ぶものである。「小物は小物を呼ぶ」結果となる。いつの間にか、その企業は「小物」集団となり、衰退していく。

だからこそ、経営者には「ベストな人材」を登用することが強く求

められるのである。

② 直言・諫言する者を身辺に置くべし

　「マイクロソフトのビル・ゲイツは、倒産した大企業の社長を副社長に迎え、『貴方の仕事は、貴方の会社が倒産したときに起きたことと同じ傾向がわが社に予兆として現れたら、すぐ社長の私に報告してくれること』と、嫌な、耳が痛い、本当の悪い事実の報告を任務付与したという」（船橋洋一氏談）。

　米海軍の士官心得には、軍艦の副長は過ちなきを期するため、艦長が下した判断や命令に対し、必ず最初はネガティブな立場から反問し、反論することを義務づけられているという。

　「これら骨太の直言諫言…を、その上司のため、組織のために敢えて行う部下を重用しなければならない」（出典：佐々淳行「続危機管理のノウハウ」『選択』平成12年4月号）

　平成10年4月に倒産したある名門企業の社長が、社員に向かっていった言葉がある。

　「尻尾を振ってくる犬は可愛いが、キャンキャン吠える犬は可愛くない」。

　もちろんここでいう「犬」とは「社員」のことを意味している。

　この企業は同族会社で、経営者は歴代、同族の者が就任していた。また倒産時点での社長は、30年間の長期にわたって代表権をもっていた。

　「権力は腐敗する、絶対的に腐敗する」という言葉がある。

　長きにわたって権力の座にいると、よほど自らを厳しく律していなければ、権力者におもねる輩が出てきて、心地よい話だけをするようになる。これを権力者がよしとしていると、最終的には「イエスマ

ン」のみが周囲に集まるようになる。

　すなわち、悪い情報が権力者の耳に届かなくなることになる。

　このようにして、企業は「倒産」への道を一歩一歩、歩んでいくことになる。

　悪い情報をいったん隠蔽すると、その企業は宿痾を抱えることになる。その結果、社員のモラールに悪い影響を与え、じわじわと企業の内部崩壊が始まる。

　企業崩壊の論理は、実に単純なことである。「自身の地位の保全を図るため、上も下も、悪い情報の隠蔽を謀る」ことにすべての根幹がある。

　したがって、企業を崩壊させないためには、

1　まず、私欲を捨て、公的な立場で行動すること
2　上司は悪い情報を聞くだけの度量をもち、部下はそれを報告する勇気をもつこと
3　そして、最も重要なことは、このことを経営者が、自ら率先して垂範すること

である、「まず、隗より始めよ」なのだ。

③　悪い情報を聞く耳をもつべし

　「プラス情報の収集は、まったく努力しないでもすむが、マイナス情報はそうはいかない。特に組織に入ってくる情報は、悪い情報ほど、下は隠したがるものである。次いで、必要なことは、トップがマイナス情報を平気で聞くだけの度量を持つことです」（出典：飯塚昭男『WEDGE』平成11年2月号）

　サラリーマンの習性として、「悪い情報ほど、下の段階で握りつぶしてしまい、上へは報告をしない。一方、よい情報は、直ちに上へ報

告をする」のではないだろうか。

　隠せば隠すほど、悪い情報というものは、不思議なほど、さらに悪くなって、手の施しようがなくなってしまうという傾向がある。だからこそ、悪い情報は、直ちに報告しなければならない。

　悪い、マイナスの情報は、だれにとっても耳障りな、あまり聞きたくない話である。

　だからこそ、逆に積極的に聞く耳をもって、情報収集を図らなければならない。

　経営者はすべからく、「悪い情報を聞くだけの度量をもち、そして悪い情報を報告した部下を褒めることが必要」である。これは経営者としてのリスク・マネジメントの鉄則といえる。

④　部下の説明はよく聞くべし

　失敗をし、事故を起こした部下が、勇気を出して経営者へ報告しようと思ったとする。そのときに、経営者が機嫌の悪い顔をしたり、説明をよく聞かないで怒鳴りつけたりすれば、部下はそれ以上報告をする勇気が萎えてしまう。

　その結果、報告は中途半端に終わってしまい、何が問題なのか、真実がわからないままになってしまう可能性がある。

　部下は、悪い情報であればあるほど、おそるおそる上司へ報告をするものだ。したがって、経営者としては、

1　イライラするかもしれないが、最後まで、部下の報告をまずよく聞くことが、必要である。
2　そのうえで、次に必要なことは、部下の報告は、これですべてなのか、まだほかに重要なことがあるのではないのか等のように、隠された事実関係を探る必要がある。

3　そして、その問題の原因はどこにあるのか、責任はどこにあるかをクリアーにすることだ。人間は、責任を他人に押し付けがちである。真実を把握しなければいけない。

4　最後に、どのように解決したらよいのかについて、部下本人の意見を求める。若干のコメントを述べ、修正した後で、その解決策を本人に実行させてみたい。人にもよるが、自ら言い出したことだけに、今度は、問題が解決する可能性が高くなる。

⑤　片寄った付合いをするべからず

経営者のなかには、片寄った人たちとだけ付き合う人がいる。これは、以下の諸点からみて、問題がある。

1　情報が片寄る

経営者の耳に入る情報にどうしても片寄りが出る。したがって、判断が間違ってしまう可能性がある。

自分にとって心地よい一部の人たちとだけ付き合うのは、人間として普通のことであるし、とりたてて問題にすべき行為ではない。しかし、これが経営者の場合には、大きな問題となる。経営者の双肩には多数の社員とその家族の生活、さらには株主や多くの取引先の命運さえもかかっているのだ。それだけに、物事を慎重に、そして正しく判断することが必要である。そのためには、情報を多面的に集め、ことの本質を見極めることが、きわめて重要なこととなる。あまり好きになれない人からも、たまには話を聞かなければならない理由がここにある。

2　過度のひいきは、イエスマンを増加させる

満遍なく付き合わず、一部の人たちとだけ付き合い、そして、彼らの意見だけを採用するようになると、周りにイエスマンが増加すると

ともに、派閥ができる可能性がある。経営者に取り入って、ひいきしてもらうために、あらゆることをするようになる。

ゴマすりは当然として、自分の説を曲げてまで、経営者に取り入ろうとするようになる。すなわち、経営者に対して耳障りな情報（悪い情報）を伝えなくなる。これはリスク・マンジメントの観点からみて最も拙いやり方といえる。

⑥ 情に流されず、常に冷静であれ

人間は、すべからく感情の動物だ。物事を決めるときに、己の感情の起伏が大きな影響を与えるのは、やむをえないことかもしれない。

感情の起伏は、心の深いところにもっている欲にその原因がある。欲が強く、物への執着が強い人ほど感情の起伏が激しいのは、当然のことである。だからこそ、経営者は、欲から離れ、冷静になることが必要である。

人間のもっている欲には、

1　異性に対する欲望
2　生きるために必要な食欲等
3　そして物質欲、名誉欲等の社会的な欲望

等々、さまざまな欲望がある。

ユダヤにおける最高の名君といわれ、神に最も愛された、あの"ダビデ王"でさえも、美しい人妻"バテ・シェバ"に心を奪われて姦淫をし、ダビデにとって、大変に忠実で有能な部下であったその夫ウリヤを殺害した。

晩年、彼はその犯した罪の深さに、苛まれ続けた。感情に流されないようにすることが必要なゆえんである。

⑦　部下への指示は簡単明瞭にすべし

　人間同士の間でのコミュニケーションは、大変にむずかしいものがある。

　当方が指示したと思っていることでも、部下からみると、ただ単に、情報として伝言されたにすぎないと思っていることがある。

　人間は本来、自分自身の興味や関心の範囲内でしか物事をとらえない。したがって、聞く側の人によって把握の仕方が相違することは、だれしも経験していることではないだろうか。

　だからこそ、部下への指示は、
1　簡単明瞭であること
2　指示は、最低2回は、繰り返し述べること
3　そして、場合によっては、その場で部下に、指示内容について、反復させること
4　さらに、指示後、部下から適宜報告をさせること
等の点に留意することが必要であろう。

　しかしながら、これだけの注意を払っても、経営者の意思が十分に伝わっているとは限らない。だからこそ、ことの推移を注意深く見守っていくことが、経営者の大きな責務といえる。

⑧　物事は部下本人に決めさせるべし

　自分で決めたことは、熱心にやるが、他人が決めたことや指示には、あまり熱が入らず、しぶしぶとやる、またはやったふりをするのが、人間の性（さが）なのではないだろうか。

　だからこそ、物事は、最後には部下本人に決めさせること、または自ら決めたように思わせることが必要なのだ。理性のレベルで理解し、その必要性をわかっても、感情のレベルで納得していなければ、

人間は行動につながっていかないものだといえる。

「初めに、言葉があった。言葉は神とともにあった。言葉は神であった」（出典：ヨハネの福音書　第1章第1節）

新約聖書のなかの「ヨハネの福音書」の冒頭は、この言葉で始まっている。

人は、口から、言葉を発することによって、はじめて、その言葉は、生命を受けるのだ。すなわちその人の血となり肉となる。

だからこそ、以下のことが重要な意味をもってくる。

1　部下には、必ず指示したことを、その場で、口に出して確認させること。口から言葉を発することによって、それは、部下本人の"言葉"となる。

2　そのうえで、部下本人が、そのことが、いま必要なことなのだと思い始めるまで、部下と会話をすることが必要である。指示をした"言葉"に生命を与えることができれば、部下は、自ら決定をすることになるだろう。

⑨　部下には、すべからくチャンスを与えよ。1年たって応答しないものは切り捨てるべし

人の長所、短所や能力の有無は、仕事をともにしてはじめてわかる。部下の能力のありようには1年間程度は色眼鏡をつけず、使ってみるべきである。その間に、さまざまなチャンスを与えて、能力や性格の問題点や限界を把握するとともに、優れた点も評価すべきである。

現在のポジションで1年間使ってみてもその部下が能力を発揮できなければ、今後とも能力を発揮するのは困難だといえる。

そのときには、あっさりとそのポジションから外すことを考えるべ

きだ。それは部下本人のためにも、そうすべきである。

「部下は上司の器量以上の仕事はできないし、また、上司も部下の能力以上の仕事ができない」

上司の器量以上の仕事ができがたいのは、サラリーマン諸兄が、日頃痛感されていることであるから、あえて補足はしない。しかし、部下に能力が不足していたり、ヤル気がなければ、経営者も仕事ができない。経営者は、自ら仕事をするわけではない。部下あっての上司なのだ。人にどのような能力があるのか、性格上の問題はどこにあるのか等といったことは、仕事を通じてはじめてわかる。

だからこそ、1年間程度は、いろいろなチャンスを本人に与えてみるべきだ。そこまで待ってダメならば、本人の能力の範囲内の仕事に限定させるべきだろう。

そうしなければ、経営者もいい仕事ができないのだ。

このときに、経営者が気をつけなければいけないことは、部下に激しい恨みが残らないように本人に納得させることであろう。人間のもつ暗い情念のなかで、「嫉妬」と「恨み」は人を夜叉に変え、他人を破滅へ導く、そんな暗いエネルギーをもっている。気をつけてほしい。

⑩ 現場の意見を吸い上げるべし

物事の真実は、現場にある。

「困ったときの現場頼み」である。何かあれば、経営者としてまず現場の意見を吸い上げるのは当然のことだが、現在何も発生していなくても、現場と接していれば、さまざまな事象の兆候を事前に察知することができる。まさに、リスク・マネジメントの大原則といえる。経営者は、すべからく現場を訪問すべきである。それも、通告なしの

突然の訪問がよいであろう。変に準備をしていない状態であれば、その現場の実態や本音がよく表れる。

また、現場は企業にとって「利益の源泉」である。現場を大切にしてこそ、企業の繁栄があるのではないだろうか。

(3) 営業マン7つの掟

営業マン7つの掟

① 現金を回収するまでは、営業の責任と心得よ
② 楽して儲かる話には裏がある
　汗を流した商売こそ本物と知れ
③ 取引先が何を望んでいるのか知恵を出せ
　取引先の悩みこそ儲けの源泉と知れ
④ 管理部門に使われるな、うまく使え、
　うまく使えば戦力が倍増する
⑤ 外をみよ、儲け話は外にある
⑥ 悪い情報はすぐに報告せよ
　よい情報はゆっくりでよい
⑦ 問題を自分1人で解決しようと思うな
　3人よれば文殊の知恵と思え

---

① 現金を回収するまでは、営業の責任と心得よ

「売込先へ商品を販売してしまえば営業の仕事は終わりである。後は、自分の仕事ではない」と思ったり、「手形を回収すれば営業の仕事は完了するのだ」などと公言する営業マンが見受けられる。

商品販売を行う営業の仕事は、基本的に"金融業"と変わりない。商品を掛けで売ることは、売込先へ資金を貸し付けることとなんら相違はない。だからこそ、貸し付けた資金を回収するまでが営業の仕事なのだ。
　ところが、この基本を忘れてしまったり、または、最初からこのような基本的な姿勢をもっていない営業マンがいる。
　営業の仕事は「銭を回収して、なんぼ」の世界なのだ。
　以上のような考えや姿勢を、しっかりと身につけていれば、
◎新規の売込先の信用状態はどうなのか
◎既存の取引先に信用不安は起きていないのか
◎もし信用不安がある場合には、どうやって債権を保全するのか
等の発想は、当然のことながら、起きてくるはずだ。
　これが、営業の責任というものだ。そして、これをサポートしたり、アドバイスをするのが与信管理を担当する審査の役目といえる。
　自分の資金を出して、自宅用のマンションや家を買うときには、これは人間として大変な決断をすることになるが、当然のことながら慎重に調べるであろう。
　住環境はどうか、売主の信用状態はどうか、施工業者としての建設会社は信用のおける企業か、自己資金はどうやって調達するのか、など確認すべき事項は山ほどある。
　自分のことになれば、これほどまでに慎重になるのに、一方、会社の仕事となるとルーズになるのは、「他人の銭」だと思っているからである。
　それが、事故を起こす1つの大きな理由ではないかと思う。

② 楽して儲かる話には裏がある、汗を流した商売こそ本物と知れ

　人間だれでも楽をしたいと思うのが人情である。しかしそこには、大きな「落とし穴」がある。本来、売上げを上げ、利益を残すには、大変な努力と創意工夫が必要だ。努力もしないで「棚からボタ餅」は落ちてこない。落ちてくるのは「毒饅頭」なのが、現実の世の中だと思う。

③ 取引先が何を望んでいるのか知恵を出せ、取引先の悩みこそ儲けの源泉と知れ

　汗を流しながら、"コツコツ"と取引先に通うことによって、はじめて取引先が望んでいることや悩みを知ることができるのだといえる。

　これこそが、本当の意味での取引先の「ニーズを知ること」ではないかと思う。

　このニーズのなかから、当社でできることやリスクの少ないものを選び出していくことが営業としての真髄なのではないだろうか。ところが、コツコツ通うことは、労力のいることだ。一方、少しでも楽をしたいと思うのが人情というものだ。

　ここに、落とし穴にはまってしまう理由がある。

　「棚からボタ餅は落ちてこない」のがこの世の常識である。食べるためには、自ら棚へよじ登り、ボタ餅を取るものなのだ。努力をしてこそ、ボタ餅の本当の旨さがわかるのではないだろうか。

④ 管理部門に使われるな、うまく使え、うまく使えば戦力が倍増する

　大企業でかつ業歴の古い会社であればあるほど、社内では管理部門が力をもっている傾向がある。それは、総務部門や人事部門であった

り、また財務部門や企画部門であるケースもある。

　組織には、稟議制度がある。立案者である営業部門は、稟議案件の承認を得るために、審議者である主要な管理部門には気を使う。

　また、人事権を握られているために、総務や人事にはいっそう気を使うことになる。このような背景があるために、営業が管理部門に頭が上がらず、管理部門に使われてしまう傾向があると思われる。

　管理部門は、あくまでも営業部門のサポート役であるのが本来の姿だと思う。

　ただし、管理部門の人間は、その道の専門家でもある。この専門知識を営業活動にうまく活用していけば、鬼に金棒となる。「商売の仕組みづくり」「リスク回避の仕方」、また、顧客サービスの一環として「専門的ノウハウの提供」等に管理部門を活用していけば、営業の戦力が倍増していくのではないだろうか。

　営業と管理部門は、決して対立するものではないと思う。

⑤　外をみよ、儲け話は外にある

　大企業病に陥ると、「廊下鳶（とんび）」をする人が増加していく。

　つまり、主要な管理部門や上位の人物への「ゴマすり」をし、結果として自らの個人的利益を得ようとする者がふえてくる。

　しかし、いくら社内に目を向けていても、儲け話にはつながらない。もちろんアイデアをもらうことはできるが。

　利益は外部から獲得するものである。内部で獲得するものは、ただ単に、外部獲得利益の配分方法を変えるだけのことだ。したがって、内部におもに目を向けている者は、個人的利益を得ようとする利己的な輩といえる。

　「『商売は現場、現場にすべてがある』とよくいう。また『利益は外

部にある、お客様のところにある』ともいう。…東武百貨店の会長山中鑛氏は『企業は人が唯一の財産。従業員のやる気がすべてで、利益は後からついてくる』…『欲ボケが一番の敵』と社員らに説いてもいた」(出典：青野豊作「経営語録」『経営塾フォーラム』平成11年11月号)。

　欲ボケに陥り、内部にばかり気をとられていると、利益をあげることはむずかしくなる。管理職が自ら利己的な欲を捨て、仕事に邁進していけば、従業員のやる気を喚起することができ、結果として利益はあがっていくのだといえる。

　山中鑛氏の発言の主旨は、このようなことではなかったのかと思う。

⑥　悪い情報はすぐに報告せよ、よい情報はゆっくりでよい

　アサヒビールの樋口廣太郎さんは、「バッドニュース」こそ改善のための資源だと考えている。

　「そこで大切なのは、…バッドインフォメーション＝マイナス情報をいかに集めるかであると思う。そのマイナス情報こそが経営の宝であり、お金をかけてもどんな努力をしても集めるべきで、特に、それが確実に途切れずにトップの手元に届くような集音装置を構築することが肝心である」(樋口廣太郎『明日を読むヒント』読売新聞社)(出典：「筆洗」東京新聞平成10年8月20日)

　「しかしあらゆる手立てを超えて最も大事なのは、内にあって直言してくれる情報参謀を持てるかどうかであろう。……すべからくリーダーは、情報をプラスとマイナスに区分けし、『内なる声』に耳を澄まさなければならない」(出典：飯塚昭男『WEDGE』平成11年2月号)。

　隠せば隠すほど、悪い情報というものは、不思議なほど、さらに悪くなって、手の施しようがなくなってしまうという傾向がある。だか

らこそ、悪い情報は、直ちに報告しなければならない。

⑦ 問題を自分1人で解決しようと思うな、3人よれば文殊の知恵と思え

　問題が起きたときに自分1人で解決しようとすることは、ある意味では、自主的な行為であり、歓迎すべき態度であるといえる。しかし、その問題が、重大な事故の単なる前兆にすぎないというケースが多くある。それだけに、問題が起きれば直ちに上司や管理部門への報告をしておくことが肝要である。

　人間のやることだから、所詮、失敗はつきものである。重要なことは、そのときに、上司や管理部門へ報告をし、相談することである。

　「3人よれば文殊の知恵」なのである。相談をすれば、なんらかの知恵が生まれ、解決策が見つかる可能性が高くなる。

　ここで、肝心なことは、①失敗を上司や管理部門と相談する勇気をもつこと、②上司は部下の失敗を聞くだけの広い度量をもつこと、の2点であるといえる。

　このような企業文化を育てていくことが、肝要なことだと思う。

(4) 審査マン8つの掟

　信用リスク・マネジメントの業務に携わる審査マンが守るべき掟がある。

審査マン8つの掟

① 取引先の饗応に応ずべからず

② 営業の饗応に応ずべからず

③ 体調を常に整えるべし

④ 心を常に平静に保つべし
⑤ 勇気をもって真実を語るべし
⑥ 審査としての分をわきまえるべし
⑦ 聞き役に徹すべし
⑧ 信義を守るべし

執行部門内における監視機能を担う審査マンの掟は、監査役の掟と当然のことながら高い近似性がある。

① 取引先の饗応に応ずべからず

取引先からの饗応に応じるということは、取引先に対して「借り」をつくることになる。借りをつくると、どうしても立場が弱くなる。「NO」というべきときに、ためらいが起きてしまいがちである。これを避けるために、取引先からの饗応に応じてはならない。

人間は弱い生き物だ。審査マンとしては、どんな事態が発生しても常に冷静であることが必要なのにもかかわらず、相手に対して「借り」があったり、「情が移って」いたりすると、冷静であり続けることは困難である。

だからこそ、「取引先の饗応に応ずべからず」なのだ。

筆者は、原則として営業担当者とともに取引先へは行かない。必要なときには、筆者1人で、取引先や営業へは伝えずに勝手に行くことにしていた。このほうが、取引先も身構えることなく、真実の姿を知ることができるし、当然のことながら、饗応を受けることもないからだ。

② 営業の饗応に応ずべからず

営業からの饗応に応じ、営業マンと親しく接していると、情が移り

冷静な判断ができなくなることがある。正しい審査を行うためには、すべての営業マンと一定の距離を置いてお付合いをすべきである。

　営業としては当然のことながら、稟議書にゴーサインとしての「ハンコ」を審査に押してほしい。そのために審査マンを饗応するということがある。一度、饗応に応じてしまうと、営業に対して「借り」ができてしまう。さらには、営業マンに対して「情」が移ってしまうこともある。このような心理状態では、よほど精神的に強い人間でない限り、審査マンとして正しい判断をするにあたって、なんらかの悪影響が生じてしまう。

> 《筆者の失敗談》
> 　営業部に、ある新任の部長が着任してきた。彼は人柄のとてもよい、いわゆる好人物といえるタイプの部長であった。ただ、彼には欠点があった。他人に対してはっきりとものをいえない、少々優柔不断のところだ。筆者も初めの頃は、このタイプの営業マンは「危険」だなと思い、警戒しながらお付合いをしていた。
> 　ところが彼の人柄のよさに、ついつい情にほだされて、社内的に彼の肩をもつような立場に自らを追い込んでしまったのだ。その結果、いつのまにか彼が立案してくる案件に手心を加えるようになっていた。
> 　あるとき、彼の案件で比較的大口の倒産が発生した。その取引先は、もともとうさんくさい先だったのだが、予算達成に苦しんでいた彼の気持ちにほだされて、結果として手心を加えていたのだ。

　これは筆者の人間的な甘さによるもので、これこそが、本件の本当

の意味での原因といえる。審査マンとして避けるべきことをしてしまったのだ。

③ 体調を常に整えるべし

　審査マンには「好奇心」と「気力」が必要である。そして、これを支えるものが「体力」だ。

　「焦げ付き」の発生を防止するためには、取引先の異常性をすみやかに発見したうえで、その異常性の原因・理由を徹底的に追究していくことが必要である。これによってはじめて焦げ付きの発生を防止することができる。

　取引先の異常性を発見し、その原因を追究していくための動機づけとして、「好奇心」がある。好奇心がなければ、異常さに気づいても、その原因を調べてみようという動機づけがない。

　そのうえで、原因を根気よく、とことんまで追究するには「気力」が必要である。そしてこの気力を支えるのが「体力」であり、「体調の良好さ」にある。

　二日酔い、頭痛、腰痛など、体調が不調であれば、気力が衰え根気が失われがちである。根気が失われれば、原因をとことんまで追究する意欲が薄れ、適当なところで自分なりに納得し、真相に迫ることがなくなってしまいがちである。

　ここに、「常に体調を整える」ことの意味とその重要性があるといえる。

《筆者の失敗談》
　鉄鋼をおもに取り扱っていたある販売会社が倒産した。その会社は、明治年代に創業した業界では名の通った業歴のある名門企業だっ

> た。この企業との取引は20年来のもので、かなり長いお付合いをしていた。そのこともあって、あまり警戒をしていなかったために、数千万円の焦げ付きが発生してしまった。
>
> 　この会社は、倒産する約1年半前に、いわゆる「信用不安リスト」に初めて信用不安な会社として記載された。「資産もあるし、名門企業でもあり、"ためにする情報"ではないか」と勝手に思い込んで、この段階では調査をしなかった。
>
> 　その当時、仕事が集中し、筆者自身はきわめて多忙な状態だった。そのために、体調を崩しており、気力が萎えていたのである。この貴重な情報をよく調べもせず、お蔵に入れてしまった。
>
> 　ところが、それから半年後に再度「信用不安リスト」に記載された。さすがに、今度は気になって、最新の決算書を入手し分析するとともに、不動産の謄本を手に入れてみた。その結果、驚くべきことに、直近の決算期に約10億円の粉飾を行っているとともに、銀行へ7億円の担保を提供していることが判明した。直ちに取引を中止したが、時すでに遅しで、中止後3カ月目に倒産してしまった。

　数千万円の焦げ付きはこのような経過で発生した。取引先の異常な徴候を発見したら、労を惜しまず、原点に立ち返って、調査を行うことが必要なゆえんである。

④　心を常に平静に保つべし

　情報は、貴方にさまざまなことを訴えてくる。このオーラ（雰囲気や気配）をキャッチするためには、感受性の高さと平静な心が必要である。

　期待感、欲、偏見、思い込み、そして心の乱れなどがあると、オーラを正しくキャッチすることができなくなる。

すなわち、異常性の発見が遅れてしまう。

常に、物事に関心をもち続け、そして心を平静に保っていれば、取引先の異常性という「におい」を感じ取ることができるはずだ。この「感じ取る」ことが、審査マンとして大変に重要な点である。感じ取ることができなければ、取引先の異常性を見過ごしてしまうことになる。

しかし、「感じ取る」ことができても「平静な心」がなければ、取引先の異常性を正しくキャッチすることができない。色眼鏡をかけてみてしまうことになる。ここに、「心を常に平静に保つ」ことが重要であるゆえんがある。

《筆者の体験談》

営業の担当者が、ある企業の専務取締役を紹介したいと審査へ連れてきた。与信枠が取れれば新規に取引を開始したいとのことだった。その専務と名刺交換をした折に、何の理由もないが、「ふと」違和感を感じた。何の根拠もない。ただ、少々異様な「オーラ」を感じたということだ。

早速、同社の商業登記簿謄本をとってみた。

その謄本をみたところ、驚くべきことが判明した。あの専務が、取締役の欄に記載されていなかったのだ。

よく考えてみれば、名刺なぞは、いかようにも作成することができる。

当然のことながら、取引はお断りした。

心が平静であれば、微弱であっても「オーラ」を察知することができる。そのうえで、原因をすみやかに調査すればよい。

⑤ 勇気をもって真実を語るべし

　この項目は、リスク・マネジメントを担う者にとって、最も重要な掟といえる。

　真実は、真実であればあるほど、聞かされる者にとって耳障りなものだ。

　その取引先について、審査がつかんだ真実の姿。たとえば粉飾、不良資産や焦げ付きの発生等は、営業マンにとっては耳が痛くなる話だ。

　取引先との付合いが長ければ長いほど、審査に指摘される前に営業の担当者として把握していなかった悔しさや、いままで信頼していたその取引先の社長が自分に実態を話してくれなかったという裏切られた気持ち、さらには予算を達成しなければならないというプレッシャー等が複雑にからみ合って、取引先の真実の姿を知ることに心を閉ざしてしまいがちである。

　このような背景があるだけに、審査が真実を語ることには、大きな勇気が必要となる。

　真実を語れば、営業から煙たく思われがちである。しかし焦げ付き発生防止のためには、取引先の真の姿を浮き彫りにし、実態をつかむことが、リスク・マネジメント上、絶対に必要な要件といえる。

　筆者は、当時、会社のなかでよく「鬼のような男」だといわれていた。

　「あいつがいるから営業ができない」「あいつのお陰で予算を達成することができない」「営業などやめてしまおう、営業部を廃止すればいいのだ」「あいつが危ないといった会社がまだ生きているじゃないか。あいつのいうとおりにやったため、利益を得るチャンスを逸して

しまった」。

「あいつは血も涙もない奴だ。こちらが血のにじむような努力をしながら商売をやっているのに、こちらの心情も察せずに、いとも簡単に取引をやめろという。あいつは鬼のような野郎だ。あいつの顔などみたくもない」等々。

審査が真実を語れば語るほど、怨嗟のマトになる。

審査の仕事を忠実に実行しようとすればするほど、営業からは恨まれてしまいがちである。「審査ほど因果な商売はない」と思う。だからこそ、審査マンに求められる最も必要なことは、監査役と同様に使命感と忍耐ではないかと考える。

審査に不可欠―トップの理解とサポート

筆者は、以前勤めていた会社で2回ほど「左遷」されたことがある。1回は支店へ、もう1回は関係会社へだった。筆者が真実を語り、正論を述べたためで、営業やトップからみて疎ましい存在だったのだろう。

だからこそ、審査に対するトップ・マネジメントの理解とサポートが絶対に必要なのだ。そのうえに、審査マン自身の使命感と忍耐が要求されるゆえんである。

⑥　**審査としての分をわきまえるべし**

取引先の真実の姿（粉飾、焦げ付きの発生等）を知ったうえで、その取引先との取引を継続するのか、中止するのか、あるいは担保を取得するのか等の方針を最終的に決定するのは営業だ。審査ではない。

真実を語り終えたうえでの決定については、審査は従わなければならない。これが、「審査としての分をわきまえる」ということだ。

取引限度の決裁者は、営業部のラインとなるのが通常である。審査

は、この取引限度の決裁者に対する冷静でかつ頼りがいのあるアドバイス役に徹することが、その役割である。

「審査のいうことを聞かないから事故になったのだ」とか、「営業は審査のいうとおりに従っていればいいのだ」等の傲慢な態度をとることは、審査の本質をわきまえないことになる。

このような傲慢な気持ちで営業と接すると、営業との人間関係がギクシャクし、営業からの貴重な情報が入手しづらくなる。

さらには、審査マン自身の「心の平静さが失われ」がちとなり、真実を見極める直感力が働かなくなる。ここに「審査としての分をわきまえる」ことの意味がある。

⑦ 聞き役に徹すべし

取引先の異常性発見のためには、より多くの情報をすみやかに入手することが必要である。情報源には、決算書や調査報告書などの静態的なものと、人間についてくる動態的なものとがある。

動態的な情報の収集方法には、人それぞれにやり方があると思う。飲み屋へ誘い、アルコールを媒介にして情報を得る方法、また律儀に何度も何度も先方へ通い、本音を聞き出す方法等々があるが、いずれの方法においても重要なことは、「聞き役に徹する」ことである。

《筆者の体験談》

ある方から電話がかかってきた。「Mという会社が2日後に不渡りを出すようです。たしか、貴方の会社はMと取引がありますよね。念のためお伝えしておきます」。

この一報のお陰で出荷を止めることができた。いわゆる追い銭をしないですみ、焦げ付きの拡大を止めることができた。また、早めに回

収をスタートできたため、被害を最小限にとどめることができた。

これは、その方との間にできていた信頼関係のお陰と感謝している。

常に「聞き役」に徹し続けるとともに、ときには、「貴重な情報の発信源」でもあることが、審査マンとして必要な「資質」であるといえる。

⑧　信義を守るべし

人間として当たり前のことだが、「信義」を守ることは、よき人間関係をつくるうえでの基本的要件といえる。重要な情報は信義のある人のところへ集まっていく。「情報源を明かさない。あるいは、ほかへその情報をもらさないなどの情報提供者との約束を守ることは、人間としての根源的な信頼感につながるもの」といえる。

信義を守るということは、口でいうほどになまやさしいことではない。自分の立場が危うくなったときに、約束を守り通すことは至難の業である。それだけに、人間関係を守るために、重要な要件だといえる。

《筆者の体験談》

年間70億～80億円の取引があったA社についての話だ。A社にとって、最大の仕入先である当社は、従前から、出資をし、経営へ参画することをA社へ申入れしていたが実現はしていなかった。ところが、あるとき、A社の社長から、「X社へ株の51％を譲渡した。したがって、今後は経営権をX社の社長へ移譲したのでよろしく」との話が、唐突にあった。

X社は、急成長をしている会社だが、「とかくのうわさ」があった。

そこで、X社について詳しく調査をしたところ、「X社は、相当の粉飾をしており、実際には資金繰りが苦しい状態である」ことが判明した。
　この事実を営業部へ伝え、「X社へ譲渡した株を買い戻すようにA社へ働きかける」よう申入れをした。
　ところが、営業の担当者は、A社の先代からの大番頭であった専務に対して、「自社の審査部が、X社について悪い話をしている」旨の話をしてしまったのだ。当然、この話は前の社長経由でX社の社長へ伝わってしまった。それ以来、筆者の自宅へ無言電話が何度もかかるようになった。
　X社が倒産する半年後まで、それは続いた。

　情報の扱いには実にむずかしいものがある。ある程度のことを伝えないと、営業部を説得できない。説得できなければ、彼等は重い腰を上げてくれない。
　一方、奥歯にものの挟まったような言い方では、営業部を動かすだけのインパクトが足らない。
　結局のところは、営業と審査の信頼関係に頼るしかない。
　「相手をみて、情報を流す」。すなわち、信義のある相手にのみ、情報を流すことを鉄則としなければならない。
　そうでなければ、審査の身がもたないのだ。

第 2 章

信用リスク・マネジメント（与信管理）における定性分析の概要

1 はじめに[2]

　情報公開が少ない中小企業をおもな取引先とする与信管理者の立場からみると、次の諸点から定性的情報の収集・分析には大きな価値がある。

① 中小企業の場合、財務諸表の注記事項、監査報告書等や財務諸表そのものの入手が困難なケースが多いため、情報源が限定されている。そのために、信用調査会社の調査報告書をはじめとし、社内や社外で得られる定性的情報を積極的に収集し、粉飾決算等の不正経理処理の可能性を分析することが重要である。

② 決算書は過去の情報であり、最新の情報ではない。したがって、貸倒損失等事故発生を予防する視点からみて、定性的情報等の最新

2　末松義章（2004）『営業・財務を強くする与信管理のしかた』中央経済社、40～68頁。

の情報収集は重要である。
③　新しい型の不正経理処理といえる下記の取引は定量分析による把握は困難である。

◆循環取引……加ト吉で平成19年に発覚した循環取引では、井端和男（2008）によれば、「粉飾により売上債権残高が増えるが、売上高も増えているので、売上債権回転期間には異常として表れない[3]」としている。本取引形態は、与信管理の実務家の段階では昭和50年代以降、業転取引等と呼称されたものと同一形態のもので、定量分析では把握できず、定性情報や業転取引の相手企業の倒産によって発覚していた。たとえば、昭和61年4月に三洋興産という会社が倒産[4]したが、同社倒産に伴う連鎖倒産も含め3,000億円ともいわれる負債が発生した。当時「石油ころがし」や「石油の業転取引」といわれていたが、いわゆる石油を使った循環取引であった。昭和61年4月に473億円の負債で倒産した東京証券取引所2部上場の東洋端子㈱[5]をはじめ多くの上場企業がこの「石油ころがし」に巻き込まれたといわれていた。当時、一部の信用調査会社では、三洋興産を中心とした石油ころがしのうわさが流れており、定性情報の収集力の高い企業では取引を行わなかったり、取引の中止をしていた。しかし、この「石油ころがし」の全貌が明らかになったのは、三洋興産が倒産し、「石油ころがし」の連鎖の環の1つが崩れて以降である。

3　井端和男（2008）『最近の粉飾―その実態と発見法―』税務経理協会、216頁。
4　末松義章（2000）『入門の経営　倒産のしくみ』日本実業出版社、129頁。
5　東京商工リサーチ（2008）『全国企業倒産白書　2007』東京商工リサーチ、19頁。

定性情報は、社内で得られるもの(内部情報)と社外で手に入れるもの(外部情報)とに分類することができる。

① 内部情報
　a　債権残高管理と新規取引
　b　営業がつかんでくる取引先の定性情報
② 外部情報
　a　危険性のある取引形態(取引の動機)
　b　取引先企業の社歴・社風
　c　経営者の人となり
　d　何に投資をしてきたか
　e　うわさ

なお、定性分析の重要性については、近年日本の金融機関においても指摘されている。たとえば、政府系金融機関商工組合中央金庫(商工中金)においては、財務諸表に表れない非財務(定性的)分析の重要性を指摘[6]している。

非財務(定性的)分析には、

① **経営環境**……業界・市場の成長・衰退、競争状況、業界の抱える問題点・リスク等を調査し、企業の将来見通し判断の一助とする必要がある。
② **企業体質**……企業体質の把握とは企業の性格・特徴(ストロングポイント)を把握することである。常に「なぜこの企業は儲かるのか」を考え、企業のビジネス・モデルを見極めることが不可欠である。

---

[6] 荒波辰也・中村廉平編(2006)『現場からみた経営支援　地域密着型再生支援と今後の指針』金融財政事情研究会、62〜64頁。

③　**経営者**……企業の将来を決定する最も大きな要素である。経営者の物事の考え方、性格はもちろん、経営に関する能力・取組姿勢を面談等により十分に理解する必要がある。

等があるとしている。

2 内部情報

(1) 債権残高管理と新規取引[7]

　債権残高管理とは、取引を行った結果として発生する債権残高の推移や、その債権残高が従前に比べてふえたか減ったかといった債権の動きに注目することをいう。

　もし債権が急増したり、新規の取引が開始される場合には、その取引先は経営が破綻する可能性が高いということを意味することがある。たとえば、その取引先の財務内容について一般債権者に比べてより詳しい情報を知りうる立場の大口債権者が徐々に手を引いていき、商品の納入を他の会社へ肩代わりさせていくということは当然ありうる話である。

　このように、取引先に対する債権がふえてきたり、新規に取引が開始されるというのは、他の納入業者が粉飾決算などの事実を把握し、心配になって手を引いてきた結果である可能性が高い。もともと気になる取引先に対する債権が増えてくるというのは、他の納入業者が心配になって手を引いてきた結果であるということもあるので、債権残高の動きは、理由がはっきりしないかぎりは、注意深くみていく必要がある。

　債権残高を確認する意味は、ほかにもある。たとえば、限度違反の問題である。普通、どの企業にも取引限度についての制度があるはず

7　末松義章・前掲注2、41～42頁。

だが、この取引限度枠をオーバーするというのは、前述の債権残高急増と同じ意味をもつとともに、約束を守れない（自己管理が甘い）ということにもなる。そういう意味では、債権残高の動きは、取引先の危ない兆候を知る貴重な情報の一つになる。

 また、売掛金の滞留状況、手形回収の遅延も判明する。取引先の資金繰りが苦しくなると、手形の支払が遅くなったり、手形の期日が長くなったりすることがあるので、取引先別の債権残高表で毎月毎月の数字の変動をみることが非常に重要になってくる。

 普通、取引高というのは、それほど動かない。それが急に増えたり減ったりするのには何らかの理由があるはずなので、その理由を追究しなければならない。そのきっかけを与えてくれるのが、債権残高管理といえる。

 総合商社で、過去25年ほどの間に起きた約280件の国内取引の事故について、取引開始からその取引先が倒産するまでの年数を調査したところ、次のような結果となった。

取引年数	0～2年	2～4年	4年超	合計
事故発生	75.5%	13.4%	11.1%	100.0%

 業種・企業によって、この数値は違うかもしれないが、取引開始から2年以内の新規取引での事故発生がいかに高い率で発生しているかが分かる。

 新規に取引を開始できた理由は、危険を察知して取引を中止した他社の肩代わりをさせられた結果ではないかと、常に冷静な目でみつめることが必要な所以である。

(2) 営業がつかんでくる取引先の定性情報

　日頃から取引先に出入りをしている営業は、取引先の変化をいちばんよく感じているはずである。これは、取引先の不正経理処理などの異常性を発見するうえで重要な情報源である。

　営業がつかんでくる取引先の定性情報には、次のような6つの視点がある。

① 経営者をみるうえでのチェック・ポイント

　a 朝夕、目立って姿がみえなくなる。

　b 経営者の顔に張りが欠け、身だしなみが乱れ始める。

　c 名誉職に夢中になっている。

　d 公私混同が目立ち始める。

　e 従業員の意見をあまり聞かなくなる。

　f 家庭環境が円満でない。

② 一般社員をみるうえでのチェック・ポイント

　a 社員の笑顔がなくなり、愛想が悪くなる。

　b 上司への批判が目立つようになる。

　c 社員の転職が目立ち始める。

　d 社員のあいさつが崩れ出してくる。

　e 休む社員がふえてくる。

③ 幹部社員をみるうえでのおもなチェック・ポイント

　a 社長室・企画室等の重要なポストの入替えが相次ぐ。

　b 社長の周りにイエスマンが多くなる。

　c 主力幹部が退社し始める。

　d 派閥争いが激しくなる。

e　企業への忠誠心が薄れ始める。
④　社内の雰囲気でみるチェック・ポイント
　　a　机の上の資料が山積みになっており、全社的に整理整頓が行き届いていない。
　　b　枯れた花がいつまでも放置されている。
　　c　経理部員の疲れが目立ち始め、特に女性社員に元気がなくなる。
　　d　経理部長の外出が目立ち始め、特に午後3時前後に席にいなくなる。
　　e　出社時、退社時における社員の顔つきが厳しく、生気が失われ始めている。
⑤　仕入面でみるチェック・ポイント
　　a　新しい仕入先が頻繁に出入りする。
　　b　主力仕入先の管理部門が直接会社を訪問し出した。
　　c　仕入条件の変更を求め出す。
　　d　受け取った裏書譲渡手形の振出人や裏書人にあまり知られていない会社や業界外の会社が出てくる。
　　e　裏書手形の金額の数字が実態にそぐわないことが多くなる。
⑥　販売面でみるチェック・ポイント
　　a　安売りが目立ち始める。
　　b　従来のルートではなかった販売先への売りが目立ち始める。
　　c　数量取引やリベートの拡大が目立ち始める。
　　d　幹部が販売先を把握していない。
　これら6つの視点から、取引先の定性的な変化を見つけ、粉飾決算等の不正経理処理についての異常性を発見しようとするもの。これら

の変化はなんらかのかたちで財務諸表と比較しながら洞察を進めることが重要である。

　長年の与信管理者としての経験によると、粉飾決算は長期にわたって一部の幹部社員の間だけで隠し果たせるものではない。必ず社内の雰囲気になんらかの変化が表れてくる。この変化を察知することがきわめて重要である。

3 外部情報

(1) 危険性のある取引形態（取引の動機）

取引の形態のなかには、事故が起きやすいものがある。取引を開始する前に、取引に至った動機や理由、そして取引の仕組みや商流等を十分に調査し、検討しておくことが必要である。

事故の起きやすい取引形態として、

① 紹介取引
② 介入取引
③ 担保依存取引
④ 限度回避取引
⑤ 遠隔地取引
⑥ 再開取引

以上6つの形態がある。特に、①紹介取引や②介入取引の場合、循環取引に巻き込まれる可能性が考えられる。また、これら6つの取引形態（取引の動機）では、与信管理者の経験によると、架空取引や社員による横領等がその真の動機である場合がある。それだけに、十分な調査をする必要がある。

〔事例紹介[8]〕

循環取引の事例を紹介すると、Wという商社がN商事に売って、N商事がT鋼材に売るという商流通で、取引商品は鋼材でした。

---

8 末松義章・前掲注2、54〜55頁。

あるとき、Ｎ商事から誘われて、自社がこの商流の中に介入しました。後日わかったことですが、このＷ商事のオリジナルの仕入先はＴ鋼材でした。つまり、Ｔ鋼材がＷ商事に売って、Ｗ商事がＮ商事に売って、またＮ商事がＴ鋼材に売るという、いわゆる"転がし"だったのです。

　自社にＮ商事から、Ｗ商事とＮ商事の間に入らないかという誘いがあって、介入後しばらく経った後に、自社はＮ商事から注文書と物品受領書をもらわないで、Ｗ商事からの請求書とＴ鋼材の物品受領書をベースにＷ商事に商品代を支払うという、基本動作に反することをしてしまいました。この直後に、Ｔ鋼材は（計画）倒産をしました。自社としては、Ｎ商事からは注文書をもらっていないし、自社とＮ商事は現金決済だったので、手形もありません。それでＮ商事から当社はそんな取引は知りませんと言われ、自社は回収できなくなったのです。

　このケースの反省点は二つあります。

　まず一つは、介入取引は安易にやってはいけないということです。オリジナルの仕入先と最終のユーザーを確認することが必要です。

　もう一つは、基本動作を忘れてはいけないということです。つまり、売り先から注文書をもらってから、仕入先に対して注文書を発行するということです。

〔事例紹介9〕

　客先に対する管理は、取引限度によって管理されていますが、残念なことに、限度未設定や限度オーバー等、ルールを無視した取引がし

9　末松義章・前掲注2、57～59頁。

ばしばみられます。

　しかし一番問題なのは、与信限度一杯の客先に他社経由で売り込むことによって、限度違反を回避することです。他社経由の売り込みで事故となった場合、債権リスクの所在や道義的責任をめぐるトラブルとなり、損害が予想外に膨らむことがあります。

　この事例は、ニシンと数の子の取引に関するケースです。ご存知のとおり、数の子というのは正月の商品で、ほとんどが「おせち」用です。数の子を採取するために捕獲されるニシンは、現在日本ではあまり捕れず、海外で4～6月に捕れたものを日本に輸入しています。ところが、ニシンから採取する数の子の需要は主に年末にあるので、その間、ニシンを在庫しておかなければなりません。そして、生産も10～11月がピークとなって、そこで1年間の勝負が決まってしまうという商品です。そういう商品のために、よく"在庫金融"という取引が行われます。

　つまり、このケースでは、Kという会社が4～6月に海外から輸入したニシンを自社が買い上げて、しばらくの間保管して、必要な秋口になったらK社に売り戻す。そして、K社が加工のうえ製品にして小売業者に売る、という形態をとっていました。こういう取引は、この業界ではよくある話なのですが、ここに落とし穴があります。買って売り戻すわけですから、当然K社の与信が十分でないと売り戻しができません。しかし、与信的に問題がなければ資金が十分にあるわけですから、在庫金融もしなくていいのであって、在庫金融というのは、与信に問題があるからすることだということです。

　このケースでは、一部を第三者を経由して売り戻すという方法がとられたのですが、この場合、K社が倒産したときに自社が第三者に対

して持っている債権がどうなるかという問題があります。

このような取引を"帳合取引"といいます。実態は、自社とK社との間ですべてが取り決められています（取引上は第三者を通すという経路でも、自社とK社との間で、売り戻す時期や、単価と数量を決めてしまい、帳簿だけ他社を通す）。

しかし、いったん事故になると、この取引の実態の当事者は、この例でいえば、自社とK社との間であって、他社（F社）とK社との間ではない、という判断が下されます。

したがって、K社が倒産したときに、自社がF社に持っていた債権は、F社では支払う義務がないということになります。

結局、何のために第三者を通したのかというと、社内的に取引限度がとれないので、それを回避するために第三者を通したというだけで、実際には、己の身に降りかかってしまうのです。それが帳合取引の恐ろしさといえます。

なお、後日判明したことだが、K社は在庫（ニシン）を使って、約5億円ほどの水増しによる粉飾決算を行っていた。

(2) 取引先企業の社歴・社風

取引を開始する前に、その企業の歴史（社歴）・社風を知っておく必要がある。人間は、一度成功を体験すると、同じことを何度も繰り返す習性がある。企業もまた同じように、利益を操作する等の上で成功を体験するとこれを繰り返す場合があるためである。

(3) 経営者の人となり

そして、企業の大小を問わず、社長の「人となり」がその企業の社

風に強い影響を与えている。したがって、社長がどのような性格の人間であるかを知る必要がある。安心して取引ができるかどうかを見極めることは、取引を開始するにあたって重要である。

たとえば、前述の三洋興産のケースでは、某社長は、昭和61年より十数年以前にも「石油ころがし」を行い、計画倒産していたことがある。この過去の事実を知っていた一部の企業は、昭和61年の「石油ころがし」の循環のなかには参加しておらず、貸倒発生を回避していた[10]。

(4) 何に投資をしてきたか

その企業が過去に何に投資をしてきたか、またどのような事業に資金をつぎ込んできたかが、その企業の将来を決める。

経営学には、「商品のライフサイクル」という考え方がある。これは、商品には導入期という時期があって、それから「成長→成熟→衰退」で売上げがゼロになるというプロセスをたどるというサイクルがあるとするものである。導入期にはまだライバル企業は参入しておらず、成長期になると初めてライバル企業が出てくる。利益は成長期がピークで、競争が激化するとともにその後落ちていく。

企業が利益をあげるためには、常に成長期にある商品を出し続けなければならない。企業が取り扱う商品が成熟期のものが中心で成長期の商品がなければ、近い将来、その企業は売上げが減少し、経営が破綻する可能性が高くなるのである。

---

10 末松義章・前掲注4、129頁。

(5) うわさ

　帝国データバンクや東京商工リサーチ等の信用調査会社や業界において、役員間での社内抗争、多額の焦げ付き発生、粉飾決算の存在、融通手形の発行等の信用不安の情報が流されることがある。こういったうわさが出たときには、そのうわさの出どころや真偽のほどを確認することが必要である。もちろん、なかにはその企業を陥れるための"ためにする情報"であるケースもある。

　しかし一方では、「火のないところに煙は立たない」というケースがある。したがって、うわさという情報も重要な定性情報の1つであるといえる。

〔事例紹介[11]〕

　これから述べる話は筆者の失敗談です。それも思い込みによる失敗です。

　ある地方都市にあったG社は、明治42年創業という業歴の長い企業で、当社とは30年来の古い取引歴がありました。筆者はバブル景気のころにG社の審査を担当し、しばらく空白期間の後、再度担当することになりました。

　ある年の7月、興信所の信用不安リストに、G社が記載されたことがありました。ところが筆者は、これを一笑に付してしまい、何のアクションも起こしませんでした。

　というのは、G社の本社はその地方都市の一等地にあり、バブル景気のころですが、土地の資産が含みも入れて50億円もあったためで

11　末松義章・前掲注2、168〜169頁。

す。この段階では、何かの間違いだと、即座に思いました。

　しかし、第1回目の信用不安が流れてから2カ月後の9月になって、G社は再度信用不安リストに記載されました。筆者もさすがに今回は気になり、不動産の謄本を取得し、不動産の評価を行ってみました。

　その結果、驚くべきことが判明しました。
① 　土地の価値がバブル期の5分の1まで急落していたこと
② 　G社はこの半年間に、金融機関に対して11億円の担保を提供していたこと

以上の点が判明したのです。

　そこで、すぐに営業と相談し、11月より取引を中止しました。ところが、翌年2月になってG社は倒産。2カ月分の受取手形（前年9月と10月に納入した分）が貸し倒れとなってしまいました。

　この失敗談の教訓は、筆者の思い込みでアクションが2カ月遅れ、その分が貸し倒れとなったという例です。

　情報をキャッチしたら、初心にかえり、すみやかにその原因を突き止めることの重要性を痛感した次第です。

第 3 章

信用リスク・マネジメントにおける事例紹介

1 親子間のサンドイッチ取引への介入を回避[12]

C社【健康食品販売業】

① 十分な担保があるのに手を引いたN社

健康食品を取り扱う親・子会社の流通の間に、第三者の流通会社が入った実例である。

親会社であるC社は、自社を流通会社として、仕入先であるメーカーと納品先の販売会社に、それぞれ自分の子会社を置いていた。第三者であるN社は、メーカーとC社の間、すなわち親・子会社の間に入って、取引をしていたのだ。なお、当社はこのメーカーに原料を納める立場にあった。

---

12 末松義章・前掲注4、160～161頁。

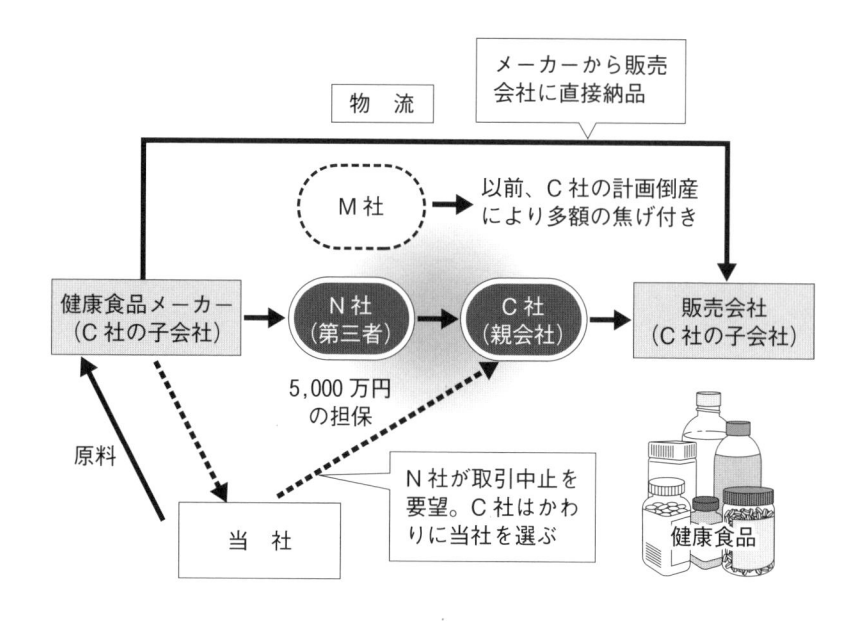

```
                              メーカーから販売
                              会社に直接納品
            物　流

                  ┌─────┐
                  │ M 社 │ ──→ 以前、C社の計画倒産
                  └─────┘      により多額の焦げ付き

┌──────────┐   ┌─────┐  ┌─────┐   ┌──────────┐
│健康食品メーカー│   │ N 社 │→│ C 社 │   │  販売会社  │
│ （C社の子会社） │   │(第三者)│  │(親会社)│   │ （C社の子会社）│
└──────────┘   └─────┘  └─────┘   └──────────┘
                   5,000万円
                   の担保
                          ┌─────────┐
       原料                │N社が取引中止を│
                          │要望。C社はかわ│
  ┌─────┐               │りに当社を選ぶ │
  │ 当　社 │               └─────────┘
  └─────┘
```

　商流としては、メーカーが製造した健康食品が、N社とC社を経由して、販売会社に流れる経路になっているのだが、実際の物流は、メーカーから直接、販売会社へと流れていた。

　N社は、C社と取引するにあたって定期預金の担保をとっていた。すなわち、5,000万円の定期預金を担保にとって、5,000万円の限度で取引をしていたのだ。これ自体は、完全に保全された状態といえる。

　あるとき、当社にこのC社から、「N社が取引を降りたいといっているので、貴社がN社のかわりに、原料の取引だけでなく、製品についても間に入ってくれないだろうか。取引条件は、N社と同様に定期預金の担保を預ける」という話があった。

　しかし、筆者にはこの話の奇妙な点が、どうしても気になった。1つは、親子の取引になぜ他人が入っているのか、もう1つは、N社は定期預金を担保にとっており、安全であるにもかかわらず、なぜ取引

をやめるのか、という2点である。

そこで調べたところ、このC社は以前、計画倒産を行った経歴があり、N社と同じ立場にあったMという会社が、3億5,000万円もの不良債権を抱えてしまったことがわかったのだ。

② 計画倒産の経歴から取引の申出を断る

M社は、取引限度も5,000万円であり、同額の担保もとっていたが、倒産する直前にC社が商品を大量に流した結果、あっという間に限度枠を超え、多額の債権となってしまった。

C社が大量に商品を流したといっても、実際の物流は第三者とはかかわりのないところで行われていたので、M社には確認のしようがない。C社から物品受領書がくると物が流れたことになるので、メーカーから請求がくれば、自動的に払っていくしかないのだ。その後、C社は手形割引後に計画倒産をした。

当社は「N社は、C社による計画倒産の可能性に気がついたので降りたのではないか」と推測し、取引の話を断ったのである。もっとも当社からみて、この取引には動機も必然性もなかった。

親子の間に入る取引を、通称「サンドイッチ取引」という。親子にとっては大変おいしい話であるが、こちらは食べられないように、注意しなければならない。

2 図らずも担保依存取引となり大きな焦げ付きが[13]

D社【板金加工業者】

① バブル崩壊後大幅な担保価値の下落

当社は、電炉メーカーから鋼材を購入し、それを加工するD社に卸すという取引を始めることにした。

D社と取引をするにあたって、社長の自宅と工場に対して、1億5,000万円の担保（当初の担保価値1億円）を取得し、これを条件に、取引限度を1億5,000万円で設定した。

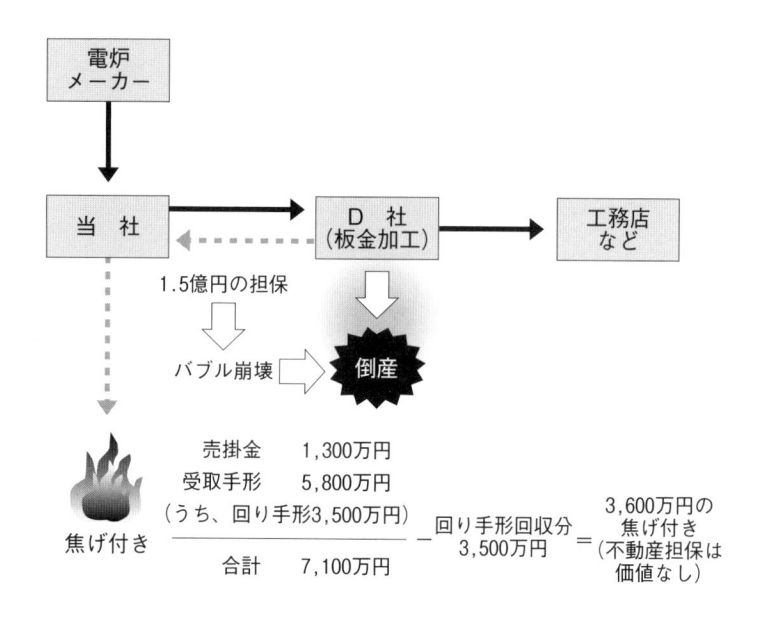

```
電炉メーカー
  ↓
 当社 ────→ D社（板金加工）────→ 工務店など
       1.5億円の担保
       バブル崩壊 → 倒産

焦げ付き
  売掛金      1,300万円
  受取手形    5,800万円
  （うち、回り手形3,500万円）       3,600万円の
  ─────────────  − 回り手形回収分  =  焦げ付き
  合計        7,100万円      3,500万円   （不動産担保は
                                         価値なし）
```

---

13 末松義章・前掲注4、162〜163頁。

ところが、バブル崩壊後大幅に担保価値が下落したため、当社より上順位に設定されている銀行取得の担保を考慮すると、当社の担保価値は、実質ゼロとなってしまったのだ。そこで、追加の担保を要求する必要があると判断し、不動産担保の価値の下落を示す不動産鑑定書を用意し、営業に対しＤ社への追加担保を要請するように伝えた。

　ところが、営業マンはＤ社との人間関係を重視するあまり、先方への要請を躊躇してしまったのだ。かといって、こちらとしては限度枠の縮小もできず、心理的に押すことも引くこともできない状態となってしまった。

　だれでも、自分でもっている財産は実態より過大に評価したがるものである。ましてや、価値が大幅に下落しているなどということは聞きたくもないというのが、人間の自然な感情だと思う。先方の社長からすれば、身を削ってあれだけの担保を提供しているのに、なぜ取引を縮小するのかという恨みを残すことになる。

　担保に過度に依存した取引は、取引が抜き差しならない深みにはまってしまうだけではなく、先方との関係が後に禍根を残す可能性を伴う、危険な取引形態といえる。

② 取引額縮小、やがて倒産

　結果的には、Ｄ社との取引は「回り手形による回収」など、ほかの保全策を組み合わせることで対応することになった。しかし、やはりそれだけでは足りないために、従前に比べて取引額を３分の２まで縮小させることになってしまった。

　なお、回り手形とは手形面上に裏書人のある手形のことである。直接当社宛てに振り出されたものではなく、何人もの間を回ってきたもので、できる限りの保全策として、回収したものである。

ところが、以上のような措置をとった後、2年経過したところでD社は不渡りを出し、倒産してしまった。その時点での当社の債権は、売掛金が1,300万円、受取手形が5,800万円（うち、回り手形3,500万円）、合計7,100万円だった。

　結局、不動産の担保は価値がなく、回り手形の3,500万円のみが回収され、残り3,600万円は焦げ付いてしまった。

　この取引は、バブル崩壊があったにせよ、邪道ともいえる担保に依存したかたちとなり、大きな損害を被ることになってしまった。

3　審査を無視して取引開始した会社が倒産[14]

H社【鉄骨加工業】

① 営業が強引に新規取引を開始

あるとき営業が、H社との取引開始について相談してきた。決算書はなかったが、推定貸借対照表のついた興信所の調書をみて、取引開始は好ましくない、避けるべきであると伝えた。

しかし営業は、予算達成に焦っていたこともあって、H社との取引を強引にスタートさせてしまったのだ。取引限度の申請書も後追いで送ってきた。

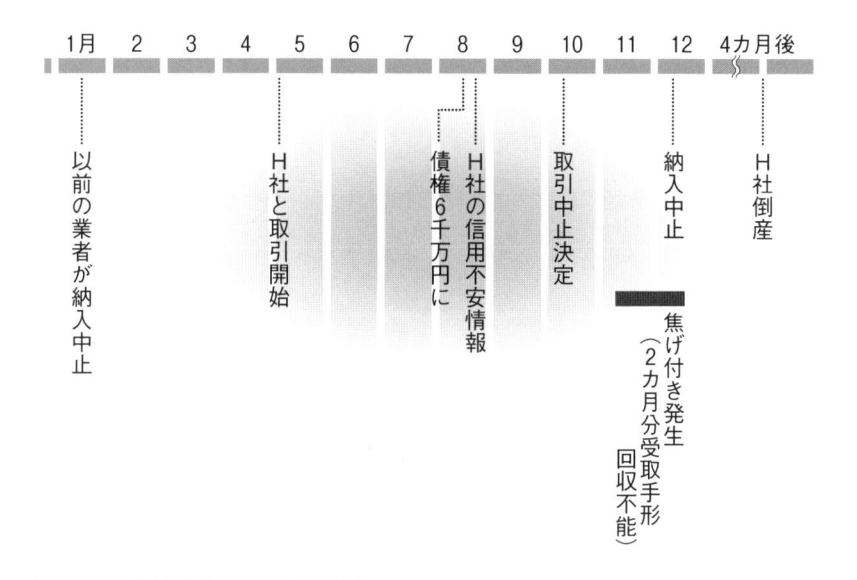

1月	2	3	4	5	6	7	8	9	10	11	12	4カ月後
以前の業者が納入中止				H社と取引開始			債権6千万円に	H社の信用不安情報	取引中止決定	焦げ付き発生（2カ月分受取手形回収不能）	納入中止	H社倒産

14　末松義章・前掲注4、170～171頁。

H社の業務内容

売上高	75億円
経常利益	0.1億円
自己資本	0.5億円

↓

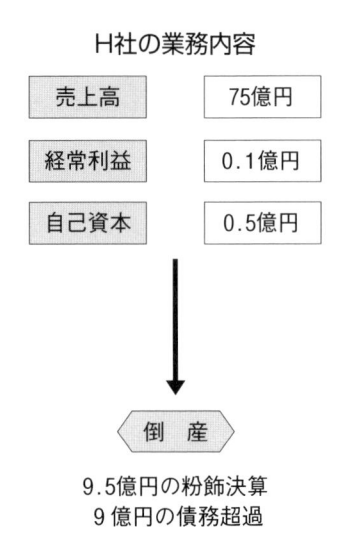

〈 倒　産 〉
9.5億円の粉飾決算
9億円の債務超過

　ところが、5月に取引を開始して、たったの3カ月後、まさしくあっという間に、8月には債権残高が6,000万円にも達してしまった。ちょうどその頃、業界ではH社が危ないのではないかとのうわさや、信用不安情報が流れるようになっていた。

　すぐさま、情報収集を行うとともに、取引中止を営業へ勧告した。しかし、うわさが流れて2カ月後の10月に取引中止を決定、納入を中止できたのは、契約残の関係もあって、さらに2カ月後の12月になってしまった。

② 結果的に肩代わりをした

　納入を中止してから4カ月経過後に、H社は不渡りを出し、倒産となった。2カ月分の受取手形が回収できず、焦げ付きとなってしまった。事故後公表された決算書によると、H社は9.5億円の粉飾をしており、実質的には9億円の債務超過となっていた。

　事故発生後に調査をしたところ、当社が取引を開始する3カ月ほど

前に、地場のある流通業者がH社との取引に危険を感じて、納入を中止していたことがわかった。結果的に、当社はその流通業者の肩代わりをしてしまったことになる。

　健全と思える会社でさえ、新規取引には十分なる調査が必要である。ましてや以前に他社が取引を中止した会社に対しては、まず粉飾や経営難を疑ってみるべきであろう。

4　社長の人柄を信頼して融資を実行[15]

B社【紙製造メーカー】

① 資金繰り難の取引先から資金援助の要請

　B社は、高品質の洋紙やトイレットペーパーなどを製造している中小の紙製造業者だった。

　B社は、景気低迷にもかかわらず、積極経営に方針を転換し、設備投資を行ってきたが、景気がなかなか回復しないなかで、過剰投資のため採算が悪化してしまった。当然、資金繰りが急速に多忙となったB社は、原材料の主力納入業者である当社へ支援を要請してきた。

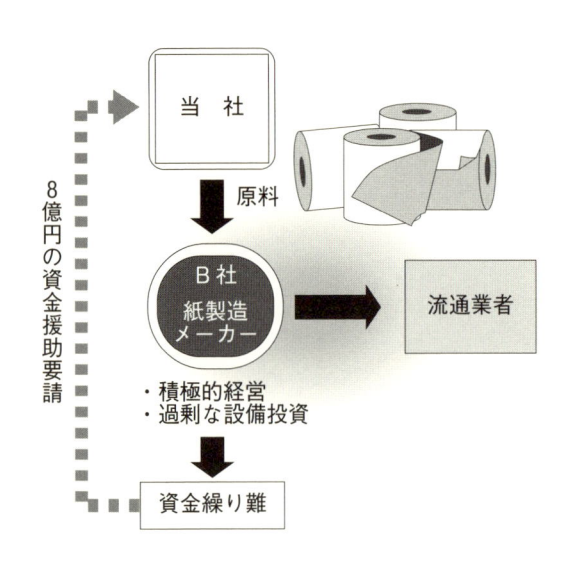

15　末松義章・前掲注4、158～159頁。

B社の業務内容

- 売上高　155億円
- 経常利益　0.3億円
- 自己資本　2億円（うち累損3億円）

実質的に6億円の債務超過？

- 借入金　42億円
- 総資産　65億円

↓

8億円の粉飾？

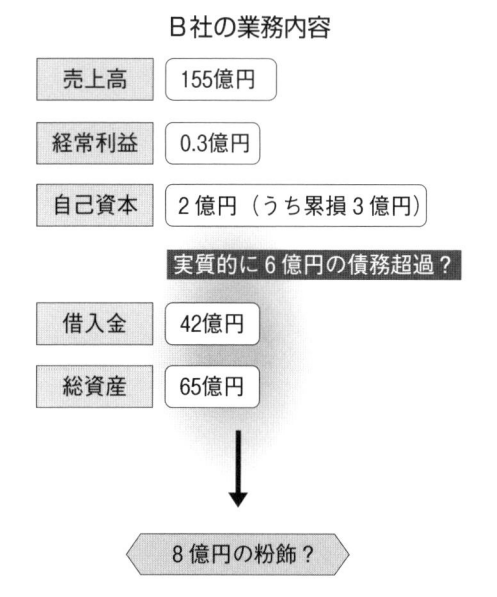

　B社の決算書を分析すると、8億円程度の粉飾が予測され、累損3億円があるために、実質的には約6億円の債務超過と思われた。

　B社からの要請は、約8億円の資金援助（融資）だった。この要請を受け入れるにあたって、B社の社長との面談を申し入れ、財務の内容について立ち入った質問をさせてもらうことになった。

② 真摯な態度で粉飾を認めた社長に信頼

　当日は、営業の担当者と筆者とで先方の本社を訪問、おもに筆者から質問をさせてもらった。相当に立ち入った話のため、社長が気色ばみ、気まずい状況になったときもあった。

　しかし同社長は、一貫して真摯な態度で質問に対応し、これにはわれわれも好感をもち、信頼に足る人物であるとの認識をもった。このときの訪問で、同社長は売掛債権と買掛債務で合計8億円の粉飾をしていたことを認め、その明細をすべて提示してくれた。

以上の話合いを通じ、営業と社長との間に、いい意味での強い信頼関係があることを感じたので、筆者は、財務内容は決してよくはないものの、社長の人柄に賭けてみることにしたのだ。また、B社の資産には含みがあるとともに、経営に積極的なB社との取引は、当社にとって大変に魅力のある商権と考えられたのである。

　その後、いくつかの社内手続を通じて、2カ月後に、B社へ8億円の融資を実行することにした。融資実施後、景気回復や円高などの事業環境の好転もあって、B社の業績は順調に推移し、当社にとって重要な商権となった次第である。

　これは、相手の社長が信頼に足る人物だったため、成功したケースの一例だ。

● コーヒーブレイク　**事故防止は失敗から学べ**

　昭和58年、三菱レイヨンの当時会長だった金沢脩二氏は、創業50周年の際、設立から社業発展までを綴った記念的な社史発行に反対して、自ら『三菱レイヨンの失敗と再建の社史』を執筆し、配布したといわれています。

　われわれは失敗例よりも成功例から学ぼうとする傾向があり、失敗の本質から目をそむけようとしてしまいがちです。たとえば、筆者の経験によると、貸し倒れ事故や社内不祥事が発生したときに、次のような共通して見られる原因や現象があります。

① 事故が起きる前にさまざまな兆候が発生しているものの、管理者の感覚が乏しいために、兆候を見落としてしまう。
② 事故になってしまったときに、トップや社内管理部門にただちに報告せず、自ら解決しようとして、よけいに深みにはまってしまう。
③ 事故の事後処理を行う際に、仲間意識が働いて、当事者を過度にかばい、責任が不明確になってしまう。
④ 事故の失敗を教訓として、社内に公表したり、「よき教訓」として残すような社内的度量とコンセンサスがない。

　とくに4番目について考えてみると、企業活動は人間のやることですから、しょせん失敗はありますし、事故を避けきれるものではありません。だからこそ、まだ煙の段階や、炎の小さいうちに、早めに消してしまう仕組みづくりこそが大切なのです。

　そのための環境づくりとして、以下のようなことをトップマネジメントとして実行することを提案します。

① 悪い情報がすみやかに報告される仕組みをつくる
② 事故を起こしても、努力次第で敗者復活ができる

　これらを実践するには、個人の勇気とそれを受け入れる企業の体制が欠かせませんが、何よりもトップの度量の大きさが前提となります。

出典：末松義章（2000）『入門の経営　倒産のしくみ』日本実業出版社、134頁。

第2部

粉飾決算防止の観点からの
リスク・マネジメント（内部統制）

第 4 章

日米比較によるおもな粉飾事件と内部統制の変遷

「会計」とは経営そのものであり、「粉飾決算」とは経営そのもののゆがみである。そして、「粉飾決算」の防止には、公認会計士による監査だけではなく、内部監視機能である監査役の役割が重要となる。

内部統制（狭義のリスク・マネジメント）のあり方は、社会に大きな影響を与えた粉飾事件がきっかけとなって、議論が進んできた。そこで、過去の大きな粉飾事件と粉飾防止のための内部統制に関する議論と法制度等の変遷を一覧すると表－1、表－2、表－3のとおりである。

1 戦前（1945年以前）のおもな動向

日本では明治42年（1909年）に大日本製糖事件が発生。政治家への汚職と粉飾が発覚し、前社長酒匂氏が自殺するなど、社会に大きなインパクトを与えた。第三者機関による企業に対する強制監査制度の必

表-1 日米比較によるおもな粉飾事件と内部統制の変遷(I)

西暦	元号	日本		米国	
		粉飾事件等	法令等	粉飾事件等	法令等
1909年	明治42年1月	日糖（大日本製糖）事件 ・政治家への汚職と粉飾（500万円） ・前社長酒匂氏自殺 ※強制監査制度は、昭和26年（1951年）に至るまで、40年以上にわたって発足することはなかった。			
1917年〜1918年	大正6年〜大正7年				AIA（米国会計士協会）「内部統制とは、誤謬及び不正の防止並びに企業資産の保全のための内部牽制システムである」と定義 1917年「統一会計」 1918年「貸借対照表の承認された方法」
1927年	昭和2年		計理士法制定		
1931年頃	昭和6年頃			クロイゲル・アンド・トル会社 ・粉飾決算を公認会計士に見破られ、経営が破綻 ・I.K reuyer社長が自殺 ・世界の80％をシェアしていたマッ	

第4章 日米比較によるおもな粉飾事件と内部統制の変遷 81

西暦	元号	日本		米国	
		粉飾事件等	法令等	粉飾事件等	法令等
1938年頃	昭和13年			チ製造会社 マッケソン・ロビンス事件 ・社長以下幹部5人が共謀して粉飾を行った ・粉飾額 1,900万ドル 売掛金900万ドル 棚卸資産1,000万ドル ・総資産8,700万ドルの21.8%が架空	
1939年	昭和14年				AIA「経営者の責任を明確にするとともに、内部統制システムの有効性の点検は、独立監査法人の職務である」
1941年	昭和16年				SEC(証券取引委員会)「監査人は、必要な監査範囲を決定するに当たり、内部牽制及び統制組織の妥当性について、配慮を払わなければならない」

要性が議論されたが、今日のような公認会計士制度が、当時の日本には存在しなかったこともあって、この議論は終焉することになった。なお、強制監査制度は、公認会計士制度が導入された昭和23年(1948

年）から3年後の昭和26年（1951年）まで、40年以上にわたって発足することはなかった。

　一方、英国では、1853年に会計士協会が世界で初めてエディンバラにおいて設立された。19世紀後半になると、イギリスの会計事務所が米国に進出し、これが発展して現在の米国における会計事務所となった。

　米国では、AIA（米国会計士協会）が1917年に、「内部統制とは、誤謬及び不正の防止並びに企業資産の保全のための内部牽制システムである」と初めて定義づけを行ったと推定される。一方日本においては公認会計士法が施行された昭和23年（1948年）から3年後の昭和26年（1951年）に、会計監査基準懇談会および通商産業省産業合理化審議会管理部会財務管理分科会がそれぞれ、日本で初めて内部統制という言葉を記載した報告書を公表した。米国に比べて30年以上の遅れで、内部統制という概念が議論された。

　日本においては、大日本製糖事件等を受けて、18年後の昭和2年（1927年）に計理士法が制定されたが、大学等で会計関連の単位を取得すれば計理士の資格が取得できる等、実効性に乏しいこともあって、昭和23年（1948年）公認会計士法施行とともに、計理士法は廃案となった。すなわち、日本においては昭和23年（1948年）になって、初めて外部監査人としての公認会計士が法制化されたことになる。このことは、英国や米国に比べて、80～90年程度の遅れで、強制監査制度の基盤が構築されたことを意味している。

2 戦後(1945年)から昭和50年(1975年)頃までのおもな動向

　米国においては、1930年代に発生したクロイゲル・アンド・トル事件や、マッケソン・ロビンス事件、そして1940年代のシーボード事件等の粉飾事件を受けて、1947年にはAIA(米国会計士協会)が監査基準の試案を公表し、「内部統制とは内部牽制システム及び内部監査である」と定義した。さらに、1949年には「内部統制についての経営者及び監査人の責任範囲」を明示する等、活発な議論が行われた。

　一方、日本における昭和20年代(1945～1955年)は、まさに会計や監査のインフラづくりの時期であったといえる。

　すなわち、

・昭和23年(1948年)　公認会計士法施行

　　　　　　　　　　証券取引法施行

・昭和24年(1949年)　企業会計原則発布

・昭和25年(1950年)　改正証券取引法施行

　　　　　　　　　　→翌昭和26年(1951年)より上場会社対象に

　　　　　　　　　　　公認会計士による強制監査制度発足

　　　　　　　　　　改正商法施行

等である。

　米国では、オレン社事件(1959年)、コンチネンタル・ベンジング事件(1962年)、ターレイ・インダストリーズ社事件(1969～1970年)、ペンセントラル社事件(1970年)等、多くの粉飾事件が発覚した。これらの事件を受けてAICPA(米国公認会計士協会、AIAが改組された)

は「内部統制に関する報告」や「内部統制に関する監査人の調査及び評価」等を公表するなど、内部統制についての活発な議論が行われた。

一方、日本においては高野精密工業の約15億円粉飾発覚事件（昭和37年：1962年）、負債500億円粉飾119億円で倒産した山陽特殊製鋼（昭和40年：1965年）等、社会に大きなインパクトを与えた粉飾事件が発生した。これを受けて昭和41年（1966年）に公認会計士法を改正し、監査法人制度を導入し、さらに昭和49年（1974年）に、「株式会社の監査等に関する商法の特例に関する法律（商法特例法）」が制定される等、内部統制の議論が行われないなかで、法制化が先行して実施された。

表−2　日米比較によるおもな粉飾事件と内部統制の変遷(Ⅱ)

西暦	元号	日本 粉飾事件等	日本 法令等	米国 粉飾事件等	米国 法令等
1947年〜1951年	昭和22年〜昭和26年		・昭23年8月公認会計士法施行（計理士法廃案） ・昭24年7月企業会計原則制定 ・昭25年証券取引法（昭23年5月施行）の全面改正 ・商法改正 ・昭26年7月上場会社を対象に、公認会計士に	シーボード事件（1948年）実質経営破綻会社6社への貸付金501万ドル	・1947年AIA監査基準試案「内部統制とは内部牽制システム及び内部監査である」 ・1949年AIA特別報告書「内部統制についての経営者及び監査人の責任範囲を明示」

第4章　日米比較によるおもな粉飾事件と内部統制の変遷

西暦	元号	日本		米国	
		粉飾事件等	法令等	粉飾事件等	法令等
			よる強制監査制度発足		
1957年	昭和32年		・公認会計士による財務諸表監査スタート		
1958年〜1959年	昭和33年〜昭和34年			オレン社事件（1959年）粉飾470万ドル	AICPA（米国公認会計士協会）独立監査法人の内部統制レビューの範囲を公表
1962年	昭和37年	高野精密工業（リコー時計）粉飾が発覚（約15億円）		コンチネンタル・ベンジング事件 社長による会社と資金流用の粉飾事件	
1965年	昭和40年3月	山陽特殊製鋼倒産 負債500億円 粉飾119億円			
1965年〜1969年	昭和40年9月〜昭和44年6月	大蔵省による重点審査実施399社中128社（32.1％）が粉飾	・昭41年8月公認会計士法改正 監査法人制度導入	ターレイ・インダストリーズ社事件（1969〜1970年）棚卸資産粉飾2,790万ドル	
1970年〜1971年	昭和45年〜昭和46年			ウィッテイカー事件（1971年）架空棚卸資産440万ドル ペンセントラル社事件（1970年）エクイティ・ファンディング社事件（1971年）	AICPA「内部統制に関する報告」を公表

西暦	元号	日本		米国	
		粉飾事件等	法令等	粉飾事件等	法令等
				粉飾7,120万ドル	
1972年〜1973年	昭和47年〜昭和48年			ウォーターゲート事件（1972年）ジャイアントストアーズ社（1972年）スターリングホメックス社（1972年）架空売掛金1,193万ドルコービルド社（1972年）フィスコ社（1973年）マテル社（1973年）2,802万ドル	AICPA（1972年）「内部統制に関する監査人の調査及び評価」を公表
1974年〜1975年	昭和49年〜昭和50年		商法特例法制定（昭49年）① 大・中・小会社を定義 大・中については、監査役の業務監査を追加② 大会社は監査法人による監査を義務化	センコ社（1975年）架空棚卸資産1,950万ドルアメリカ・ジェネリックス・コーポレーション（1974年）架空棚卸資産940万ドル	コーエン委員会（AICPA）設立（1974年）「内部統制システムを経営者報告書に記載する（1978年）」

第4章　日米比較によるおもな粉飾事件と内部統制の変遷　87

3 昭和50年（1975年）から平成2年（1990年）頃までのおもな動向

1972年に米国でウォーターゲート事件が発覚し、裏金づくりと海外政治家への買収行為の実態が明らかになり、米国社会に大きなインパクトを与えた。またほかにも粉飾事件が多発した。これを受け、AICPA（米国公認会計士協会）のなかに、1974年コーエン委員会を設立した。同委員会は1978年に「内部統制システムを経営者報告書に記載する」ことを勧告した。さらに、1977年にAICPAは「誤謬又は不正の摘発に関する独立監査法人の責任」を公表した。また、1979年にはAICPA内にミナハン委員会を設立し、「内部統制の指針の確立」を公表した。

さらに米国では、1976年にSEC（証券取引委員会）が「企業の違法な支払及び活動に関する証券取引委員会報告」を連邦議会へ報告。これを受けて、1977年、「海外不正行為防止法」が制定された。

しかしながら、米国では、相も変わらず粉飾事件が多発し、公認会計士への非難が高まってきた。このようななかで、アメリカ公認会計士協会、アメリカ会計学会、管理会計士協会、内部監査人協会、財務担当経営者協会等の民間5団体が母体となって、1985年にトレッドウェイ委員会が設立された。同委員会は1987年には「不正な財務報告に関する全国委員会報告書」を公表した。さらに1992年には、同委員会は内部統制のバイブルともいわれ、COSOレポートと通称される「内部統制の統合的枠組み」を公表した。

一方日本では、ウォーターゲート事件の実態が米国で解明されるな

かで、昭和51年（1976年）にロッキード事件が発覚した。当時、元総理大臣が逮捕される等、社会に大きな影響を与えた。ロッキード事件がきっかけとなって、内部統制の議論が行われないままに、商法特例法の改正が昭和56年（1981年）に行われ、監査役の機能強化が、いっそう進められることとなった。

　日本における昭和50年（1975年）頃から今日までの約30年間は粉飾した企業のデータ公開がきわめて少ない。特に、前半の20年間はおもに行政の指導によるものと推測される。この結果、日本においては、内部統制の議論が進まないなかで、法制化が先行して進行していったと思われる。

　昭和50年（1975年）頃以降のおもな粉飾事件と内部統制の議論と法制度等の変遷を一覧にすると表－3のとおりである。また、平成2年（1990年）以降の日本における企業不祥事を一覧にすると表－4のとおりである。

表-3　日米比較によるおもな粉飾事件と内部統制の変遷(Ⅲ)

西暦	元号	日本		米国	
		粉飾事件等	法令等	粉飾事件等	法令等
1976年	昭和51年	ロッキード事件発覚		エマーソンズ社 187万ドル ジオン・インダストリーズ社 連結を使った粉飾 110万ドル	SEC「企業の違法な支払及び活動に関する証券取引委員会報告」を連邦議会へ報告。このなかで適切な内部統制を制定し、維持する義務を法制化するよう勧告
1977年 〜 1979年	昭和52年 〜 昭和54年			ロックポート・メドーズ社（1979年） リビンコット社（1978年）	AICPA（1977年）「誤謬又は不正の摘発に関する独立監査法人の責任」を公表 海外不正行為防止法（1977年）「海外における政治的不正支払を禁止するとともに、内部会計統制システムを設計・維持を義務づけた」 ミナハン委員会（AICPA）設立（1979年）「内部統制の指針の確立」
1980年	昭和55年			粉飾による倒産が多発・公認会計士への非難が高まる	AICPA「内部会計統制に関する報告」 財務担当経営者研究財団「1980年に内部統制の定款等を公表」
1981年	昭和56年		商法特例法改正 ① 複数監査役・常勤監査役設置の義務化 ② 監査役の報告請求権	粉飾による倒産が多発、公認会計士への非難が高まる	

西暦	元号	日本		米国	
		粉飾事件等	法令等	粉飾事件等	法令等
			③ 監査役による取締役会招集権 ④ 監査役の報酬を取締役と分けて定める		
1985年	昭和60年				トレッドウェイ委員会設立 ・アメリカ公認会計士協会 ・アメリカ会計学会 ・管理会計士協会 ・内部監査人協会 ・財務担当経営者協会
1987年	昭和62年				トレッドウェイ委員会報告書「不正な財務報告に関する全国委員会報告書」
1992年	平成4年				トレッドウェイ委員会「COSOレポート」
1991年〜2000年	平成3年〜平成12年	・企業不祥事多発 ※表-4参照 ・金融機関の不良債権問題			
2000年	平成12年		大和銀行株主代表訴訟判決 ① 内部統制システムの構築と監視責任は、取締役の善管注意義務および忠実義		

第4章 日米比較によるおもな粉飾事件と内部統制の変遷 91

西暦	元号	日本		米国	
		粉飾事件等	法令等	粉飾事件等	法令等
			務 ② 監査役は、上記①を監視し、監査する義務がある		
2002年	平成14年		日本公認会計士協会「監査基準委員会報告書（中間報告）」を公表	エンロン、ワールドコム等経営破綻多額の粉飾が発覚	サーベンス・オクスレー法 ① 経営者に対して、内部統制の構築・維持・監視の責任 ② 外部監査人による監視の強化
2003年	平成15年		経済産業省「リスク管理・内部統制に関する研究会報告書」 ―日本版COSOレポート―		
2005年	平成17年		企業会計審議会「財務報告に係る内部統制の評価及び監査の基準（公開草案）」の公表 改正会社法成立（平成18年5月施行）		

〈表－1、表－2、表－3の参考文献〉
・松倉太一郎「引当金・準備金における粉飾の監査」『会計ジャーナル』昭和46年5月。
・日本公認会計士協会東京会編『粉飾決算』第一法規、昭和49年3月。
・野々川幸雄「粉飾」『会計ジャーナル』昭和55年1月。

・澤田和也・秋山理絵『よくわかる商法大改正』日本実業出版社、平成14年3月。
・川村眞一『内部監査の基本的な役割と監査実施手続』日本内部監査協会、平成17年8月。
・トレッドウェイ委員会組織委員会、鳥羽至英・八田進二・高田敏文共訳『内部統制の統合的枠組み 理論篇』白桃書房、平成8年。
・八田進二・高田敏文・橋本尚・永見尊・前山政之・鳥羽至英共訳、鳥羽至英・村上德五郎責任編集『SEC「会計連続通牒1～4」』中央経済社、平成10～16年。
・日本経済新聞平成18年8月7日。
・八田進二『内部統制の考え方と実務』日本経済新聞社、平成18年。
・トレッドウェイ委員会組織委員会・八田進二監訳・中央青山監査法人訳『全社的リスク・マネジメント フレームワーク篇』東洋経済新報社、平成18年。
・末松義章『不正経理処理の実態分析』中央経済社、平成22年。
・大蔵省証券局年報編集委員会『第8回大蔵省証券局年報 昭和45年版』金融財政事情研究会、昭和45年。

表−4　日本における企業不祥事一覧表

平成2年 (1990年)	総会屋への利益供与：(商法)	その他法令違反：(刑法・食品衛生法・道路運搬車両法・不正競争防止法・証券取引法etc.)
		3　大手証券4社（大口顧客への損失補填）
	4　イトーヨーカ堂	
	5　キリンビール	5　ゼネコン各社（汚職）
平成7年 (1995年)	8　高島屋	
	9　第一勧銀 　　味の素 　　大手証券4社 　　三菱自動車・三菱電機・東芝等	
		10　NEC（防衛庁への水増し請求）
	11　神戸製鋼	11　JCO（臨界事故）
平成12年 (2000年)		12　雪印乳業（牛乳食中毒事件）、三菱自動車（リコール問題）、三洋電機（虚偽表示）
		13　マルハ（関税の脱税）、国際証券（特別利益供与）
	14　日本信販	14　雪印食品、ダスキン、三井物産、日本ハム、東京電力
		15　三菱自動車（リコール）、武富士
	16　西武鉄道	16　西武鉄道・伊豆箱根鉄道・大出産業（虚偽記載）、UFJ（銀行法違反）、日本テレビ放送網（虚偽記載）、関西電力（原発事故）
平成17年 (2005年)		17　小田急電鉄グループ（虚偽記載）

平成2年			粉飾決算等 :（商法・証券取引法等）
｜			
平成7年	7.7月		大和銀行　NY支店米国債不正取引1,000億円
（1995年）	8.6月		住友商事　銅不正取引　2,852億円
｜	8		住専7社相次いで倒産
	9.9月		ヤオハンジャパン倒産　負債1,614億円　粉飾192億円
	11月		山一證券経営破綻　粉飾2,648億円
			拓銀経営破綻　債務超過9,018億円
	8.8月		三田工業　負債2,057億円　粉飾371億円
	10月		日本長期信用銀行破綻　債務超過26,535億円
	12月		日本債権信用銀行破綻　債務超過30,000億円超
平成12年	12.7月		そごう倒産　負債6,891億円
（2000年）	13.3月		フットワークエクスプレス倒産　粉飾424億円
｜	15.10月		森本組倒産　粉飾289億円
平成17年	17.1月		アソシエイト・テクノロジー　粉飾で上場廃止
（2005年）	6月		カネボウ上場廃止　粉飾2,500億円
｜			
平成18年	18.4月		ライブドア上場廃止　粉飾53億円
（2006年）			

〈参考文献〉

・島田公一著「企業不祥事とリスク・マネジメント」平成16年9月CUC〔View & Vision〕。
・八田進二「内部統制の現状と課題」平成17年7月与信管理セミナー。
・井端和男「会計ビッグバン後の粉飾と倒産のパターン」商事法務、平成17年4月。
・帝国データバンク『全国企業倒産集計』2004年報。
・早房長治「だれが粉飾決算をつくるのか」廣済堂出版、平成13年10月。
・毎日新聞平成9年12月23日、平成9年12月25日。
・読売新聞平成17年7月25日。
・朝日新聞平成17年7月29日。
・末松義章「不正経理処理の実態分析」中央経済社、平成22年。

4 平成3年(1991年)以降現在まで

　平成3年(1991年)バブル崩壊後、粉飾等の企業不祥事が多発した。平成12年(2000年)の大和銀行株主代表訴訟判決をきっかけに、日本においても官主導ではあるが内部統制の議論が進み、平成18年(2006年)5月に施行された会社法や平成18年(2006年)6月に公布された金融商品取引法へと急速な進展をみせることになった。

　一方、米国では、2001年から2002年にかけて、エンロンやワールドコム等の経営が破綻し、多額の粉飾が発覚した。その結果、民間団体、特にAICPA等の自主規制の限界が露呈し、2002年には、サーベンス・オクスレー法が成立することになった。同法ではおもに、①経営者に対して内部統制システムの構築・維持・監視の責任を求め、②外部監査人による監視の強化等を図った。さらに同法に違反した場合の罰則を規定した。

第 5 章

粉飾防止のための内部統制と監査体制の課題と変遷[16]

　第4章では、日米比較によるおもな粉飾事件と内部統制の変遷を述べたが、本章では、日本の粉飾史上最もエポックメーキングな山陽特殊製鋼の倒産以降における内部統制と監査体制のあり方について、その考え方の変遷について記述する。

　いまから46年前の昭和40年3月、山陽特殊製鋼が会社更生を申し立て、倒産した。負債総額は500億円であった[17]が、119億円もの粉飾[18]をしていることが発覚し、当時の日本社会や経済界に大きな影響を与えた。

　この事件がきっかけとなり、昭和40年9月～44年12月の約4年間、

16　末松義章（2010）『不正経理処理の実態分析』中央経済社、153～155頁。
17　日本公認会計士協会東京会編（1974）『粉飾決算』第一法規、20頁。
　　また、帝国データバンクの調べによると、昭和40年（1～12月）の倒産件数は5,690件、負債総額は5,378億円である。山陽特殊製鋼の負債総額だけで9.3%を占めており、当時における同社倒産のインパクトの大きさがわかる。ちなみに、東京商工リサーチによると平成22年の倒産件数は1万3,321件、負債総額は7兆1,608億円であり、昭和40年に比べ、件数で2.3倍、負債総額で13.3倍となっている。
18　野々川幸雄（1980）「粉飾」『会計ジャーナル』昭和55年1月増刊号22頁。

当時の大蔵省は重点審査と称し、多少疑問があると思われる会社399社の実態を調べた。その結果、粉飾の事実が判明した会社は128社に達した。重点審査会社の実に32.1％にものぼる[19]。大蔵省が本腰を入れて調査に乗り出してからは、各企業は自発的に有価証券報告書を訂正したり、さらに全般的にも経理姿勢を見直したりして、その実際的な効果は広範囲にわたったといっていいだろう[20]。

　内部統制という言葉は、過去の文献を調べてみると、昭和26年の会計監査基準懇談会による「内部統制の質問書」に初めて記載されている（最終改正は昭和30年5月24日）[21]。さらに同年には、通商産業省産業合理化審議会管理部会財務管理分科会が、「企業における内部統制の大綱」を公表した[22]。しかしながら、内部統制が研究者や公認会計士の間で広くいわれるようになったのは、この山陽特殊製鋼の倒産以降のことである。一方、経済界では、費用がかさむ等の理由から内部統制機能の導入が、必ずしも真剣に検討されたわけではなかった。

　尾高澄（1971）[23]は「不正・誤謬の検出を主目的とする公認会計士監査は、企業の規模が小さく、かつ、個人的で閉鎖的な経営であった時代には有効であった。しかし、近代的大規模企業経営の時代に入り、会計監査は、一般社会に向かって正しい会計報告を公開し、利害

19　大蔵省証券局年報編集委員会（1970）『第8回大蔵省証券局年報　昭和45年版』金融財政事情研究会、62頁。
20　細金正人（1971）「粉飾決算の社会的背景と責任」『会計ジャーナル』昭和46年5月増刊号14頁。
21　山田昭広（1971）「現金預金の粉飾・私消・横領とその監査」『会計ジャーナル』昭和46年5月増刊号86頁。
22　八田進二（2006）『内部統制の考え方と実務』日本経済新聞社、平成18年3月159頁。
23　尾高澄（1971）「公認会計士監査制度の本質とその果たす役割」『会計ジャーナル』昭和46年5月増刊号55頁。

関係者の判断を誤らせないためのものへと、その目的が変化せざるを得なかった。また、企業規模が大きくなれば、会計監査は試査によらざるを得ないため、企業による内部統制組織の整備と確立が期待され、不正・誤謬の発見は会計監査の主目的ではなく、企業がその内部で自ら発見し、処理すべき課題であると考えられるに至った」としていた。

しかし一方、尾高（1971）は「経営首脳部による虚偽や不正、金銭や物品の費消に関係のない不正、または共謀に対しては、内部統制によって管理することは困難であり、無力であることが明らかとなってきた」と経営者の不正等に対して内部統制は無力であると指摘していた。

このようななかで、倉湊（1968）[24]によると、「粉飾決算の根絶を目ざす、制度的で多角的な政策として、山陽特殊製鋼の事例を契機に監査制度のあり方が社会の関心を引き、公認会計士監査の充実強化策が必要」とされるようになり、昭和41年に公認会計士法が改正され、監査法人の設立が認められることになった。川村眞一（2005）[25]によると、「個人の公認会計士では、会社からの圧力に屈しやすいと考えられたからである」。たとえば、山陽特殊製鋼の監査を担当した公認会計士のように、7年間も粉飾の事実を知りながら黙認をしていたようなケース[26]を防ぐことが期待された。

昭和40年山陽特殊製鋼の倒産から始まり、大蔵省による399社の約4年間にわたる重点審査等を受けて、昭和49年には「株式会社の監査

---

[24] 倉湊（1968）「粉飾決算について」『千葉商大論叢』第10号、昭和43年11月112頁。
[25] 川村眞一（2005）『内部監査の基本的役割』日本内部監査協会、42頁。
[26] 野々川幸雄・前掲注18、14頁。

等に関する商法の特例に関する法律（商法特例法）」が制定された。大会社は、貸借対照表、損益計算書、営業報告書、利益処分案、それらの附属明細書について、監査役監査のほかに、会計監査人としての公認会計士または監査法人による監査を受けることが義務づけられた。また、経営者による不正な行為等を防止するために、監査役の機能強化が図られた。株式会社を大会社、中会社、小会社に分け、監査制度の内容を変更した。すなわち、小会社の監査役監査は会計監査にとどまるが、大会社と中会社については、会計監査だけでなく、取締役の業務に対する監査（業務監査）を行うものとした。

　昭和47年（1972年）に米国で発生したウォーターゲート事件に端を発し、日本でも昭和51年に発覚したロッキード事件が契機となって、監査体制の強化が叫ばれ、昭和56年には商法特例法の改正がなされ、監査役の機能がさらに強化された。さらに、平成２年にバブルが弾けた後、企業の不祥事が多発した結果、商法、公認会計士法等についてしばしば改正が行われ、企業不祥事防止のために、監査役と外部監査人による監査体制のいっそうの強化が図られてきた。

　しかしながら、平成16年になると、西武鉄道での総会屋への利益供与事件、さらに、同社をはじめとする５社で有価証券報告書虚偽記載事件が発覚した。また、カネボウの経営破綻と約2,500億円にものぼる粉飾事件など、多くの企業不祥事が発生し、日本の社会に大きなインパクトを与え、監査体制のよりいっそうの強化が求められることになった。

　この結果、企業会計審議会内部統制部会が「財務報告に係る内部統制の評価及び監査の基準」の草案[27]を平成17年７月に公表することとなり、すでに成立し、平成18年５月施行された新会社法と相まって、

監査体制のよりいっそうの強化が図られることになった。

27　本草案に基づいて日本版SOX法といわれる金融商品取引法（従来の証券取引法を改正したもの）が平成18年6月14日公布、平成19年9月30日施行。

第 6 章

内部統制の基本的考え方[28]
―基盤としての経営者の倫理観・誠実性

1　内部統制について

　早房長治（2001）[29]によると、「米国では、監査法人と公認会計士事務所に対する訴訟件数は、1960年代が83件、70年代が287件、80年代が426件で、90年代も80年代の水準を下回ることはないと見られる。そして、約60％の訴訟で、監査法人と公認会計士事務所は敗れ、損害賠償金か和解金を支払っている。訴訟に関連する費用は、90年代初めに業界全体で4億ドルから5億ドルに達したとみられている」。

　日本においては、バブル崩壊後に多発した企業不祥事によって、公認会計士への風当たりが厳しくなり、日本公認会計士協会は新たに品質管理レビュー（業界による再点検）とCPE（継続的職業教育）の導入を行うなど、自主的な改革に乗り出してきた。一方、早房

28　末松義章・前掲注16、155～158頁。
29　早房長治（2001）『だれが粉飾決算をつくるのか』廣済堂出版、148頁。

(2001)[30] によると、「これらの改革は米国では1977年からすでに実施されており」、米国と日本における監査法人や公認会計士事務所の置かれている環境の厳しさの違いは明白である。

米国では、このような厳しい環境のなかから、アメリカ公認会計士協会・アメリカ会計学会・管理会計士協会・内部監査人協会・財務担当経営者協会等、5つの団体が中心となって、1985年にトレッドウェイ委員会を設立し、企業の不祥事防止のための"内部統制のあり方"についての検討が行われた。その結果、1992年に「COSOレポート」（COSOはThe Committee of Sponsoring Organizations of the Treadway Commissionの略称）が公表された。

本レポートでは粉飾決算等の企業の不祥事防止のために、「誠実性と倫理」の重要性を強く主張していることが特徴である。以下、引用[31]する。

「内部統制の有効性は、それを設定し、管理し、そして監視する人々の誠実性と倫理的価値観の水準を超えることはできない。誠実性と倫理的価値観は、統制環境の不可欠な要素であり、内部統制のそれ以外の構成要素の設計、管理および監視に影響を与える。

誠実性は、企業の活動のあらゆる段階における倫理的な行動の前提である。すべての職位にわたって強固な倫理的環境を確立することは、企業の繁栄を図るうえでも、また、企業のすべての構成員ならびに社会の多くの人々にとっても極めて重要である。強固な倫理的環境は、企業の方針や統制システムの有効性を大きく高めるだけでなく、

---

30 早房長治・前掲注29、81、136頁。
31 The Committee of Sponsoring Organizations of the Treadway Commission (1992),"Internal Control-Integrated Framework"（鳥羽至英・八田進二・高田敏文共訳（2004）『内部統制の統合的枠組み 理論編10版』白桃書房、34～35頁）。

最も精巧な統制システムをもってしても、とらえることのできない人間の微妙な行動にも影響を与えることができる」。

　良好な経営が行われている事業体の経営管理者は、「倫理は報われる」—すなわち、倫理的な行動は事業体を繁盛させる—という考え方を受け入れるようになってきている。

　田中弘（2004）[32]は、「かつてアメリカでは、キリスト教の、その中でもプロテスタントの非常に厳しい倫理が強く働き、不正に対する抑止力として機能してきた。会計や監査というのは、経営者の間にそうした倫理観やインテグリティ（高潔さ）が働いていることを前提とした世界なのである」としている。このように、企業人としての誠実さと倫理観のある行動が求められていることに、現在の内部統制の考え方の基本があるといえる。

　また、日本においても、ここ数年決算書の信頼性や経営者の資質等を重視する傾向が出てきた。2005年版中小企業白書によると、「実際に金融機関の審査姿勢はどのように変わってきているのだろうか。㈳中小企業研究所『中小企業向けの貸出における実態調査』により、中小企業向けの貸出しの審査項目として3年前と比較して重要度が増した項目について見てみると、物的担保の提供や代表者の保証の割合は低く、他方、計算書類等の信頼性、技術力、代表者の資質の割合が高くなっている。つまり、金融機関の融資審査においても、保全面だけではなく、企業の計算書類の信頼性への取組み、企業の属性や代表者の資質といった定性面も審査項目として、これまで以上に重視するように変化してきている」。

---

[32] 田中弘（2004）『不思議の国の会計学—アメリカと日本』税務経理協会、61頁。

2 職業倫理の重要性

　内部統制とは、もともとの考え方は「不正な経理処理（粉飾決算）」を阻止し、摘発するための企業内の仕組みのことを指していた。ところが、企業の行った粉飾決算があまりにも悪質な犯罪行為[33]であるケースが多いとともに、ステークホルダーにとっても利害に反する重大な事項であることが判明してきた。

　その結果、日本においても、①外部監査人としての公認会計士による外部監査制度の強化と、②監査役も含めた内部統制機能の強化が叫ばれるようになってきた。すなわち、企業外部からの監視の強化と、同時に、内部からの統制と監視の強化の必要性が高まってきたといえる。しかしながら、内部からの統制・監視は、COSOレポートにもあるように、究極のところ、監査役のみではなく、経営層も含めた全社員の「誠実さと倫理ある行動」に負うところが大である。バブル崩壊後多発した日本企業の不祥事は、企業人としての職業倫理意識の喪失によって生じたものといえる。

　また、COSOレポートの考え方は、別の言い方をすれば、「不祥事

---

[33] 企業活動をめぐるビジネス犯罪には、大別して①経営者の判断に基づいて企業の「組織体犯罪」として行われるもの、②経営者や従業員が日常のビジネス活動の場で行う詐欺、業務上横領、インサイダー取引など個人の「職務（職業）犯罪」とがある。粉飾決算は、組織体犯罪として行われるのが一般的であるが、このような犯罪については「会社のために企業活動として行ったものだ」ということで、経営者の個人刑事責任は不問にされがちであった。しかし今日では、このような企業犯罪の罪悪性が問われ、企業犯罪を引き起こした経営者の刑事責任が厳しく問われるようになってきている。粉飾決算については、違法配当罪（商法489条3号）、特別背任罪（同486条）、有価証券報告書虚偽記載罪（証券取引法197条）などの適用が考えられる。
―板倉宏（1999）「経営者の責任と罰則の軽重」『税経通信』平成11年11月号86頁。

が起きるのは、その企業の経営層等の誠実さと倫理的価値観のレベルが低いからである」ということになる。粉飾決算を行っていた企業の経営者に共通しているのは、「粉飾決算は必要悪」だとする考え方である。

　違法な粉飾決算の一掃問題には、会計関連法規の改正、および制度的な改善を進めることが最重要課題である。しかし一方で、倉湊(1968)[34]によると、「粉飾決算追放の実効をあげるためには、結局のところ、当事者である企業の経営者が、企業会計の社会公共的職能を理解し、自己の会社的使命と経営責任に目覚めることが、なによりも重要なことである。粉飾決算の最終かつ最高の責任は、企業経営者が負うものである。この自覚がなければ、粉飾追放のいかなる対策も効果を収めることは困難である」としている。

---

[34] 倉湊・前掲注24、112～113頁。

3　まとめ

　内部統制は、企業内部で起きる不正な経理処理などの不祥事を防止するための企業内の仕組みとして考えられてきた。しかし現実には、企業での不祥事は多発し続けた。その理由として考えられることは、
① 　尾高澄（1971）[35]が指摘したように、「経営者が行う不正な経理処理は内部統制によって管理することが困難かつ無力である」ため。
② 　八田進二（2006）[36]の指摘のとおり、「日本においては、内部統制の議論が行われないまま、法制度の改正が行われた」こともあって、企業内部での重要な監視機能を担う監査役が、十分な機能を果たしてこなかったため。
③ 　また、外部監査人としての監査法人による監視機能が十分に果たされてこなかったため。
などが指摘できる。
　しかし、最も根源的な理由は、田中弘（2004）[37]が指摘したように、「会計や監査というのは、経営者の間にそうした倫理観やインテグリティ（高潔さ）が働いていることを前提としている」としており、またCOSOレポート[38]の指摘する「企業の不祥事防止のためには経営層

---

[35] 尾高澄・前掲注23、55頁。
[36] 「日本において内部統制は、これまで会計や監査における一連のディスクロージャー制度のなかで議論されることはなかった。会計ビッグバンによって会計基準や監査基準が整備され、また商法改正によってアメリカ型のガバナンスが導入されたが、内部統制の議論は日本では行われることはなかった」
　　―八田進二・前掲注22、30頁。
[37] 田中弘・前掲注32、61頁。
[38] The Committee of Sponsoring Organizations of the Treadway Commission・前掲注31、34頁。

の誠実性と倫理が重要である」との考え方であり、経営層における倫理観やインテグリティの欠如に不祥事発生の原因があるとする考え方である。

最近の粉飾が発覚した事例14社を調べてみると、14社中11社[39]で経営者が中心になって粉飾を実行しており、経営者の倫理観や誠実さに問題があることが判明した。

しかしながら現状では、経営層に倫理観やインテグリティを求めるだけではなく、経営層が不正な行為を行うことが割に合わないと考え、ステークホルダーの信認に応えるように仕向けるための仕組みづくりが重要である。

そこで、第7章で、平成18年に大幅に改正された会社法や金融商品取引法における企業統治のあり方を述べ、また監査法人を強化するために平成16年および平成20年に改正された公認会計士法の要点を記述する。

さらに、第8章では違法な粉飾決算を抑止する効果が期待される法的規制と罰則についても述べる。

---

[39] 末松義章・前掲注16、3〜5頁。

第 7 章

日本における制度改正の現状

1 はじめに

　平成3年バブル崩壊後、経営破綻をした多くの企業で違法な粉飾決算などの不祥事が発覚した。さらに平成16年には、西武鉄道の総会屋への利益供与や有価証券報告書虚偽記載などの事件、また同年に経営破綻をし約2,500億円もの粉飾決算が発覚したカネボウ等の企業における監査のあり方をめぐる問題が大きな契機となって、①企業統治や内部統制のあり方、②監査法人や公認会計士などの役割と責任、等が問い直されることとなり、関連法規の改正など法制化が進んだ。

2　企業統治と内部統制のあり方

　粉飾決算など企業不祥事の第一義的責任は、経営者にあるのは自明の理であり、経営者には「誠実性と倫理的行動」が強く要請されるところである。しかしながら一方では、経営者が粉飾などの不正な行為を行うことが割に合わないと考え、株主をはじめとするステークホルダーからの信認に応えるように、仕向けるための仕組みづくりは、重要である。

　そこで平成18年に施行された会社法、および平成19年に施行された金融商品取引法によって、ステークホルダーからの信認に経営者が応えるためと考えられる制度が実施されることになった。

　新しい制度のおもなポイントは次のとおりである。

(1) 内部統制の確立と経営者による宣誓の法制化

① 　上場企業の経営者は、財務情報などにかかわる不正な行為防止に有効な内部統制システムを構築する義務を負い、さらにその内部統制システムの有効性の評価を行う（金融商品取引法24条の4の4）とともに、その評価を会計監査人がチェックし、監査証明を受けなければならないこととなった（同法193条の2第2項）。

② 　上場企業の経営者は、有価証券報告書の提出に際し、財務情報の適正性について宣誓を行った確認書をあわせて提出することとなった（金融商品取引法24条の4の2）。

(2) 監査役機能の強化

経営を監視する機能を担う監査役の権限および体制の強化、特に経営者からの独立性を確保する仕組みづくりが行われた（会社法第2編第4章第7節、第8節、第10節および会社法施行規則100条3項）。会社法施行規則100条3項には、監査役補助使用人の設置と当該使用人の取締役からの独立を規定している。さらに監査役の監査が実効的に行われることを確保するための体制の確保を規定している。

しかしながら、第3部第10章で述べるように、監査役の現状を調べてみると、経営者からの独立は、確保されていないのが現状である。

(3) 罰則の強化

粉飾など虚偽の経理処理をなした経営者や、これを監視する立場の監査役、会計参与、会計監査人等への罰則の強化が図られた。しかしながら、第8章で詳細を解説するが、米国に比べると、罰則は軽く不十分である。

3 公認会計士・監査法人の独立性の強化

　企業が行う不正な経理処理を監視するために、重要な役割を担う公認会計士・監査法人を強化するために、平成16年4月に公認会計士法が大幅に改正された。さらに平成20年4月にも一部改正が行われた。

(1) 公認会計士法1条で、初めて公認会計士の使命・職責を明確化

　「公認会計士は監査及び会計の専門家として、独立した立場において、財務書類その他の財務に関する情報の信頼性を確保することにより、会社などの公正な事業活動、投資者及び債権者の保護などを図り、もって国民経済の健全な発展に寄与することを使命とする」（公認会計士法1条1項）。

　「公認会計士は、常に品位を保持し、その知識及び技能の修得に努め、公正かつ誠実にその業務を行わなければならない」（公認会計士法1条2項）。

　岸見勇美（2006）[40]によれば「医師、弁護士など他の資格法と異なり、従前の公認会計士法では使命・職責の規定がなかった」。このことは、公認会計士に対する重要性の認識が低かったことを物語っているといえる。

40　岸見勇美（2006）『監査法人』光文社、75頁。

(2) 公認会計士・監査法人の独立性の強化

　公認会計士の業務を規定している公認会計士法2条2項で「公認会計士は他人の求めに応じ報酬を得て、財務書類の調製をし、財務に関する調査若しくは立案をし、又は財務に関する相談に応じることを業とすることができる」としており、いわゆるコンサルティングなど非監査業務を業とすることができるとされている。しかし同法24条の2および34条の11で、「大会社等に係わる業務の制限の特例によって、コンサルティングなど非監査業務などによって、継続的な報酬を受けている場合には、当該大会社等の財務書類について、監査または証明をすることを行ってはならない」とされている。これによって従来、岸見（2006）[41] によれば、「エンロン等に見られたように、企業との癒着の温床となってきたコンサルティングなど非監査業務の制限と規制が強化」されることになった。

(3) 同一会計士による継続的監査の制限

　公認会計士法34条の11の3で「監査法人は、当該監査法人の社員に対して、当該大会社等の連続する7会計期間の範囲を超えて監査関連業務を行わせてはならない」としている。さらに昭和41年12月1日に制定され平成16年7月6日に最終変更された「日本公認会計士協会制定の倫理規則」の14条（独立性）の注解11第2項(12) に「独立性の保持に疑いをもたれるような関係とは、一定規模以上の監査法人において、関与先が上場会社の場合、筆頭業務執行社員が5会計期間連続し

---

[41] 岸見勇美・前掲注40、75頁。

て監査業務に関与し、さらに5会計期間のインターバルを設けずに、当該会社の監査業務に関与すること。また個別の監査業務に係わる審査を担当する社員（いわゆる審査担当社員）がいる場合は、この者も同様とする」こととしている。

すなわち、公認会計士法では、ローテーションを7年としているが、一定規模以上の監査法人（4大監査法人）の場合、自主的にこれを5年間とするとともに、さらに5年間のインターバルを設けたことになる[42]。なお、平成20年の改正で、このローテーションについて大規模監査法人では5年間とすることが規定された（同法34条11の4）。

この制限によって、西武鉄道やカネボウのような企業とのなれ合いや癒着を防止することができると期待されている。

(4) 監査法人・公認会計士への監視体制を強化するため、公認会計士・監査審査会が金融庁から独立して創設された[43]

「審査会は、次に掲げる事務をつかさどる
一 公認会計士並びに監査法人に対する処分に関する事項を調査審議すること
二 公認会計士及び監査法人の業務並びに日本公認会計士協会の事務の適正な運営を確保するため、行うべき行政処分その他の措置について内閣総理大臣に勧告すること
三 公認会計士試験を行うこと」（公認会計士法35条）

また公認会計士法37条の2では「会長及び委員は、両議院の同意を

---

[42] 平成17年10月25日付、日本公認会計士協会会長藤沼亜起氏による「（会長声明）公認会計士監査の信頼性の回復に向けて」の「1．4大監査法人等に対するローテーションの見直しの要請」において同様の指摘がされている。
[43] 岸見勇美・前掲注40、77頁。

得て、内閣総理大臣が任命する」としている。さらに「会長及び委員は、心身の故障のため職務の遂行ができないと認められた場合等を除いて、その意に反して罷免されることはないこととする」(同法37条の4)とされており、同審査会による監査法人・公認会計士への監視が強化されると期待されている。

(5) 監督官庁の干渉を招きやすい監査法人の許可制を廃止し、届出制とした

公認会計士法34条の9の2によると「監査法人は、成立したときは、成立の日から2週間以内に、登記事項証明書及び定款の写しを添えて、その旨を内閣総理大臣に届け出なければならない」としており、同法34条関係で、監査法人の設立、解散、合併および定款変更の手続を監督官庁の影響を受けやすい従来の許可制から届出制へ変更することになった。

(6) CPE(継続的職業教育)の実施

以上の改正のほかに、日本公認会計士協会が公認会計士の質的向上のため、平成13年度からCPE(継続的職業教育)を自主的に実施した。さらに平成14年度から、任意性だったこの研修を義務制とし、受講しなければ会計士免許の取消しの措置もとれるようにした[44]。平成16年の公認会計士法の改正では、28条で「公認会計士は、内閣府令で定めるところにより、日本公認会計士協会が行う資質の向上を図るための研修を受けるものとする」と規定され、日本公認会計士協会の自主的

---

[44] 岸見勇美・前掲注40、112〜113頁。

な研修を法制度として導入することになった。

第 8 章

違法な粉飾決算に対する法的規制と刑罰[45]

1 はじめに

　取締役は、会社に対して善管注意義務（会社法330条、民法644条）および忠実義務（会社法355条）を負担し、これに違反した場合には、債務不履行責任の一般原則に従って、会社に対して損害賠償責任を負う（同法423条）とされている[46]。

　また、決算報告等に記載すべき事項を記載せずまたは虚偽の記載をしたときは、100万円以下の過料に処せられると定められている（会社法976条7号）。

　さらに、金融商品取引法18条では、「有価証券届出書のうちに、重要な事項について虚偽の記載があり、又は記載すべき重要な事項若し

---

[45] 末松義章・前掲注16、43～50頁。なお、本章は松田綜合法律事務所の校閲を受け、作成したものである。
[46] 北沢義博ほか（2002）『株主代表訴訟と企業統治』清文社、131頁。

くは誤解を生じさせないために必要な重要な事実の記載が欠けているときは」損害賠償の責めに任ずるとされている[47]。

　法律は不正な経理処理をなした者に対して民事責任と刑事責任を負わせ、各種の罰則規定を設けている。罰則規定を設けている理由は、社会に与える影響が大きいからである。

---

[47] 上原昌雄（1986）『実践・粉飾分析』商事法務研究会、190頁。

2 民事責任

(1) 会社に対する責任

① 取締役

・善良な管理者の注意義務（会社法330条、民法644条）

　取締役と会社（株主）とは委任関係にある。受任者（取締役）は委任者（会社、株主）に対して、信頼に応えられるような注意義務を尽くして職務を遂行する義務がある[48]。

・忠実義務（会社法355条）

　取締役は法令・定款の定めおよび総会の決議を遵守し、会社のため忠実にその職務を遂行する義務を負う[49]。忠実義務は、取締役がその地位を利用して、会社の利益に反し自己の個人的利益を追求してはならないとする義務である[50]という見解が有力となっている[51]。

　すなわち、善管注意義務と忠実義務に反して、会社に対して不利益を与えた場合には、取締役は、会社（株主）に対して損害賠償の責めに任ずることになる。たとえば、粉飾決算のような不正行為があることを知りながら、これを看過して是正をしなかった場合[52]には、取締役は会社に対しての責任（会社法423条1項）を問われることになる。

48　森井英雄（2005）「新任取締役のための基礎知識研修講座2005年8月」㈳日本監査役協会、12頁。
49　宮島司（2004）『会社法概説第3版補正2版』弘文堂、271頁。
50　北沢義博ほか・前掲注46、128〜129頁。
51　森井英雄（2005）『新訂第3版　監査役の法律と実務』㈳日本監査役協会、95頁。
52　森井英雄（2005）「監査役の法律と実務」東日本旅客鉄道㈱、11頁。

② 監査役・会計参与・会計監査人
- 故意、過失により任務を怠り、会社に対して損害を与えた場合、監査役は会社に対して連帯して損害賠償の責めに任ずる（会社法423条1項）。
- また、取締役の違法な職務執行があり、これを監査役が看過したような場合は、取締役と監査役は連帯責任を負う[53]（会社法430条）。
- これらの点は、会計参与、会計監査人の場合も同様である（会社法423条1項、430条）。

(2) 第三者に対する責任

① 取締役
- 取締役が作成し取締役会が承認する計算書類等に虚偽の記載をし、また虚偽の登記・公告をしたときは、無過失であることを証明しない限り、取締役は第三者に対する責任を免れることができない[54]（会社法429条2項）。

  なお、取締役の第三者に対する責任の消滅時効は10年である（最判昭49.12.17民集28巻10号）。

- 有価証券届出書のうちに、重要な事項について虚偽の記載があり、または記載すべき重要な項目もしくは誤解を生じさせないために必要な、重要な事実の記載が欠けているときには、届出者は損害賠償の責めに任ずる（金融商品取引法18条）。

  なお、この賠償の請求権は、虚偽記載の事実を知った時または相当の注意をもって知ることができる時から3年間、これを行わない

---

53 森井英雄・前掲注52、11頁。
54 森井英雄・前掲注51、126頁。

ときは消滅する（金融商品取引法20条）。

② 監査役・会計参与・会計監査人

・監査報告に記載すべき重要事項につき虚偽の記載をした場合には、監査役に第三者に対する責任を負わせている（会社法429条2項3号）。

　監査報告は監査結果のまとめであり、特に正確性や真実性が要求されるから、第三者がその記載を信頼してその会社と取引をしたところ、その重要な記載事項にたとえば粉飾が行われているにもかかわらず、虚偽の記載があったため損害を被ったときは、監査役はその第三者に対して損害賠償責任を負わなければならない[55]。

　なお、監査役の第三者に対する責任の消滅時効は10年である。

・これらの点は、会計参与（会社法429条2項2号）、会計監査人（同項4号）の場合も同様である。

(3) 株主代表訴訟（会社法847条）

　粉飾決算のような不正な行為を知りながら、看過して是正をしなかった取締役や監査役、会計参与、会計監査人を、株主が会社にかわって、その責任を追及する訴えの提起を請求することができるとされている。民事責任には会社に対する責任（会社法423条等）と第三者に対する責任（同法429条）があるが、株主代表訴訟の対象となるものは、このうち取締役や監査役、会計参与、会計監査人の会社に対する民事責任である[56]。

　なお、取締役や監査役、会計参与、会計監査人の会社または第三者

55　森井英雄・前掲注51、127頁。
56　北沢義博ほか・前掲注46、128頁。

第8章　違法な粉飾決算に対する法的規制と刑罰

に対する損害賠償責任が10年の経過により時効消滅した場合、株主代表訴訟は提起しえない。

3　刑事責任

　会社役員の不正行為や放漫経営などは、社会に多くの害悪を与える。したがってこれらの行為に対する責任は、民事だけでなく、刑事においても問われなければならない。
　会社法は「第8編罰則」として960条以下において、取締役、監査役、会計参与、会計監査人、支配人その他の使用人等の不正に対して、特別な刑罰（懲役、罰金および没収）を定めている[57]。

(1) 特別背任罪（会社法960条1項）

　自己または、第三者の利益を図り、または会社に損害を加える目的でその任務に背き、会社に財産上の損害を与えたときは特別背任罪として、10年以下の懲役または1,000万円以下の罰金に処せられまたはこれを併科する（会社法960条1項）、その未遂も罰せられる[58]（同法962条）。
　なお、特別背任罪の公訴時効は7年である（刑事訴訟法250条4号）。

(2) 会社財産を危うくする罪（会社法963条5項）

　「法令又は定款の規定に違反して剰余金の配当をしたとき」、いわゆる「違法配当」を行った場合には、5年以下の懲役または500万円以下の罰金に処せられる。
　違法な粉飾決算を行い、会社財産を危うくするような違法な配当を

57　森井英雄・前掲注51、128頁。
58　森井英雄・前掲注51、129頁。

行う行為(いわゆるタコ配)を禁じている。

なお、会社財産を危うくする罪の公訴時効は5年である(刑事訴訟法250条5号)。

(3) 虚偽文書行使等の罪(会社法964条)

株式、新株予約権または社債の募集にあたり、重要な事項に不実の記載をした文書を行使した場合、5年以下の懲役または500万円以下の罰金に処せられる。

たとえば粉飾決算のような不実な記載を行い、株式等の募集を行った場合、罰せられる。

なお、虚偽公文書行使等の罪の公訴時効は5年である(刑事訴訟法250条5号)。

(4) 内部統制関連の罰則

金融商品取引法によると、平成20年4月1日以降の事業年度から適用される内部統制強化に関する罰則の概要は次のとおりである。

① 金融商品取引法24条の4の6、22条

内部統制報告書の重要な事項に虚偽があるか、または記載すべき重要な事項や誤解させないために必要な重要な事実の記載が欠けている場合は、以下の損害賠償の責任がある。

・上記を知らずに有価証券を取得した場合に生じた損害を賠償する。
・賠償責任を負うものは以下のとおり
　内部統制報告書提出時の役員(取締役、執行役、監査役またはこれらに準ずる者)
　内部統制報告書を証明した公認会計士または監査法人

②　金融商品取引法197条の2第2号、第5号、第6号

以下の場合は5年以下の懲役もしくは500万円以下の罰金（または懲役と罰金を併科）

・内部統制報告書および付帯書類の写しを証券取引所に提出するにあたって、重要な事項に虚偽があり、かつ、原本と異なる内容を写しとして提出した場合
・内部統制報告書もしくはその添付書類を提出しなかった場合
・内部統制報告書もしくはその添付書類の重要な事項に虚偽の記載のあるものを提出した場合

③　金融商品取引法200条1号

以下の場合は1年以下の懲役もしくは100万円以下の罰金（または懲役と罰金を併科）

・内部統制報告書もしくはその添付書類の写しを証券取引所に提出しなかった場合

4 信用失墜行為による懲戒処分

　税理士法および公認会計士法は、税理士や公認会計士の信用を傷つけ、または税理士や公認会計士全体の不名誉となるような行為を禁止している（税理士法37条、公認会計士法26条）。監査役や会計参与、会計監査人に就任した公認会計士や税理士が虚偽の計算書類を作成した場合、この信用失墜行為として懲戒処分の対象となりうる[59]。

---

[59] 松本恒雄ほか（2006）『Q＆A公益通報者保護法解説』三省堂、46頁。

5　内部告発（公益通報者保護法）

　公益通報者保護法（平成18年4月1日施行）とは、「通報対象事実」について公益通報（内部告発）が行われた場合、その通報者に解雇等の不利益な扱いが生じないように法律で保護をして、事業者の法令遵守を促進させるための法律である。

　「通報対象事実」には、会社法違反の事実も含まれ（同法2条3項、別表、政令）、粉飾等会社法に抵触する行為が行われた場合、公益通報者保護法の対象となる。

　なお、公訴時効が経過しているか否かは、通報者が本法の保護を受けるか否かに影響を与えない。すなわち、通報者が、公訴時効の経過した犯罪行為を内部告発したとしても、本法による保護を受ける[60]。

---

[60] 秋坂朝則監修、中澤省一郎（2006）『就任前に読む会計参与の職務・責任とその実務』税務研究会出版局、15～17頁、66～68頁。

6 米国サーベンス・オクスレー（略称：SOX）法との対比

　米国SOX法では、企業会計や財務報告の透明性・正確性を高めることを目的に、上場会社会計監視審議会の設置や監査人の独立性、ディスクロージャーの拡張、内部統制の義務化、経営者による不正行為に対する罰則強化、内部告発者の保護などが規定されている。

　日本では、平成18年6月14日に「金融商品取引法」が公布されたが、このうち、米国SOX法が規定する財務報告、内部統制の評価、報告、監査などに相当する規定が「日本版SOX法」と呼ばれている。

　財務報告に虚偽の記載がなされた場合、米国SOX法では、個人に対しては、「500万ドルの罰金または20年以内の禁固刑」が、法人に対しては、「2,500万ドルの罰金」が科され、時効は、不正行為後5年または不正発覚後2年のいずれか早いほうである（米国SOX法906条）[61]。これに対し、日本版SOX法では、内部統制報告書に虚偽がある場合には、「5年以下の懲役若しくは500万円以下の罰金」とされ（金融商品取引法197条の2第2号、第5号、第6号）、公訴時効は5年とされている。また、有価証券届出書の虚偽記載等がある場合、「10年以下の懲役又は1,000万円以下の罰金」とされ（同条）、公訴時効は7年とされている。

---

[61] 斉藤慎監修、日本版SOX法研究会編（2006）『日本版SOX法入門』同友館、29、87頁。

第 9 章

粉飾決算の事例

1 山陽特殊製鋼の粉飾の実態

　いまから46年前の昭和40年3月に会社更生法を申請して倒産した山陽特殊製鋼の粉飾事件は、当時の日本の社会や経済に大きな影響を与えた。この事件が1つの契機となって、昭和49年に「株式会社の監査等に関する商法の特例に関する法律（商法特例法）」が制定され、粉飾などの企業不祥事の発生を防止するための法制化が行われた。監査役の機能を強化することによって内部統制の充実を図ることが期待されたが、歴史が示すように、大きな効果を発揮することはなかった。

　そこで、戦後におけるエポックメーキングな粉飾事件といわれる山陽特殊製鋼の粉飾の実態を次に示し、読者諸兄のご参考に供したい。

　なお、本データは、昭和49年に日本公認会計士協会東京会が編集し出版した『粉飾決算』[62] のなかで、公表されたものである。

　本修正貸借対照表の見方は、

① 修正前金額は、昭和39年9月決算として、当時一般に公表された数値である。
② 修正後金額は、粉飾前の実態を表す本来の数値である。
③ 修正額は粉飾金額を表している。
　・資産側の「△」表示は粉飾を、「＋」表示は逆粉飾の数値である。
　・負債側の「＋」表示は粉飾を、「△」表示は逆粉飾の数値である。
④ 資産サイドの粉飾は9,824百万円、負債サイドでは2,049百万円であり、総合計11,873百万円の粉飾をしていたことを表している。したがって、実際には3,251百万円の債務超過であったことがわかる。

[山陽特殊製鋼の例（昭和39年9月30日）]

山陽特殊製鋼の不正経理の仕組みは、次のとおりである。

① 架空売上げの計上と架空売掛金の計上

　　架空売掛金　／　架空売上げ

② 架空売上げの計上と架空棚卸資産の計上

　　架空棚卸資産　／　架空売上げ

③ 架空売上げの計上と買掛金との相殺

　　買掛金　／　架空売上げ

④ 架空売上げの計上と経費（製造原価、販管費、営業外費用）との相殺

　　未払費用　／　架空売上げ

⑤ 架空売掛金を消去するために借入金を簿外処理

　　借入金　／　架空売掛金

⑥ 架空売掛金を消去するために未払金や前受金を簿外化

62　日本公認会計士協会東京会編（1974）『粉飾決算』第一法規、20～22頁。

山陽特殊製鋼修正貸借対照表

(単位：百万円)

科目	修正前金額	修正額	修正後金額	科目	修正前金額	修正額	修正後金額
現金および預金	3,401		3,401	支払手形	5,960		5,960
受取手形	3,638		3,638	買掛金	2,783	543	3,326
売掛金	5,264	(注1) △3,979	1,284	関係会社支払手形・買掛金	662		662
製品	1,105	(注2) 1,724	2,829	短期借入金	10,268	1,381	11,649
原材料	1,074	△134	940	未払金(設備)	350	270	620
仕掛品	3,926	△297	3,629	設備支払手形	4,167		4,167
貯蔵品	1,030	△168	862	未払費用	200	61	261
役員従業員短期債権	66	△10	56	前受金	505	10	515
短期貸付金	8	△7	1	納税引当金	216	△216	0
その他7項目	982		982	従業員預り金	363		363
(流動資産合計)	(20,494)	(△2,872)	(17,622)	その他3項目	128		128
①有形固定資産							
建物	7,788	△2,073	5,715	(流動負債合計)	(25,602)	(2,049)	(27,651)
構築物	637	△68	569	社債・長期借入金	11,625		11,625
機械および装置	15,383	△4,356	11,026	設備長期未払金	4,177		4,177
車両・陸上運搬具	253	△31	221	退職給与引当金	300		300
工具器具備品	133	△14	119	(固定負債合計)	(16,102)		(16,102)
土地	1,240	△21	1,220	引当金(貸倒価格)	59		59
建設仮勘定	2,464	△359	2,105	(負債合計)	(41,763)	(2,049)	(43,812)
(有形固定資産合計)	(27,898)	(注3) (△6,922)	(20,976)	資本金	7,380		7,380
②無形固定資産	217		217	資本準備金	130		130
③投資	1,481	1	1,482	再評価積立金	92		92
				利益準備金	242		242
(固定資産合計)	(29,596)	(△6,921)	(22,674)	別途積立金	273		273

開発・試験研究費	220	△30	190	配当準備積立金	32		32
				試験研究積立金	35		35
新株発行・社債発行差金	75		75	当期未処分利益剰余金	439	△11,873	△11,434
(繰延勘定合計)	(295)	(△30)	(265)	(資本合計)	(8,622)	(△11,873)	(△3,251)
(資産合計)	50,385	△9,824	40,562	(負債および資本合計)	50,385	△9,824	40,562

（注1） 売掛金の減少は、架空売上げの是正によるものおよびその他の不当な原因による計上額の除去によるものである。

（注2） 製品の増加は、主として架空売上げを是正したことによるものである。

（注3） 有形固定資産の減少の内容は、①利息等の費用の除去によるもの5,976百万円、②過年度の減価償却不足分是正636百万円、③実査による除去310百万円。

   未払金・前受金　／　架空売掛金

⑦　架空売掛金を消去するために建設仮勘定へ振替処理

   架空建設仮勘定　／　架空売掛金

⑧　利息等の費用を有形固定資産に加算し、資産化（5,976百万円）する。さらに、償却対象の有形固定資産について、減価償却の実施を法定に比べて、償却不足（636百万円）とする。

山陽特殊製鋼の粉飾の特徴は、

①　架空売上げを計上するにあたって、おもに架空売掛金を計上した。この架空売掛金を消去するために、実際に存在する負債（おもに借入金と買掛金）を簿外化した。

②　いったん計上した架空売上げを是正するために、実際に存在する製品在庫との消去を同一期中に行ったと推定される。

   架空売上げ　／　製品

③　本来費用とすべき利息等を資産化（有形固定資産）する。いわゆる費用の資本化が行われた。

等が指摘できる。

〈参考文献〉
・『山陽特殊製鋼㈱ 有価証券報告書』昭和39年9月期。

2　カネボウの粉飾の実態

　前項では、いまから46年前の昭和40年3月に倒産した山陽特殊製鋼の事例を紹介した。そこで本項は、経営破綻が発覚し、平成16年3月に産業再生機構による支援が決定したカネボウの事例（単体決算）を紹介し、この約40年の間に粉飾の実態について大きく変化した点と変わらない点等を解説する。

カネボウ修正貸借対照表

（単位：百万円）

資産の部	平成15年度3月期	修　正	修正後
〔流動資産合計〕	〔368,975〕	〔△103,144〕	〔265,831〕
（当座資産計）	(124,883)	(△19,389)	(105,494)
現金・預金	1,234	―	1,234
受取手形	49,927	―	49,927
売掛金	73,722	△19,389	54,333
（棚卸資産計）	(50,317)	(△9,931)	(40,386)
商品・製品	40,924	△7,391	33,533
半製品・仕掛品	3,925	△1,252	2,673
原材料	1,868	△202	1,666
貯蔵品	3,600	△1,086	2,514
（その他の流動資産計）	(219,388)	(△10,103)	(209,285)
前払費用	1,395	―	1,395
繰延税金資産	12,612	△12,612	0
短期貸付金	20,553	―	20,553
関係会社短期貸付金	163,975	―	163,975
未収入金	17,066	1,936	19,002
立替金	2,569	△2,569	0
その他の流動資産	1,218	3,142	4,360
貸倒引当金	△25,617	△63,722	△89,339

〔固定資産合計〕	〔179,259〕	〔△108,268〕	〔70,991〕
(有形固定資産計)	(21,506)	(－)	(21,506)
建物	8,202	－	8,202
構築物	729	－	729
機械装置	4,135	－	4,135
車両・運搬具	10	－	10
工具・器具・什器・備品	735	－	735
土地	7,481	－	7,481
建設仮勘定	214	－	214
(無形固定資産計)	(1,415)	(－)	(1,415)
電話加入権	99	－	99
借地権	97	－	97
ソフトウェア	1,184	－	1,184
その他の無形固定資産	35	－	35
(投資等資産計)	(156,332)	(△108,268)	(48,067)
投資有価証券	9,103	△1,776	7,327
関係会社株式	127,330	△95,222	32,108
出資金	1,974	－	1,974
長期貸付金	3,279	－	3,280
更正・和議債権等	2,289	－	2,289
長期前払費用	552	△121	431
繰延税金資産	10,334	△10,334	0
その他の投資等資産	2,917	－	2,917
貸倒引当金	△1,446	△813	△2,259
〔繰延資産計〕	〔0〕	〔－〕	〔0〕
〔資産合計〕	〔548,235〕	〔△211,413〕	〔336,822〕

(注)

有形固定資産減価償却累計額	30,233	－	30,233

負債・資本の部	平成15年3月期	修　正	修正後
〔流動負債合計〕	〔443,323〕	〔40,562〕	〔483,885〕
支払手形	44,735	—	44,735
買掛金	14,086	261	14,347
未払金（支払債務に含む）	41,742	△482	41,260
短期借入金	209,342	—	209,342
1年以内返済長期借入金	71,025	—	71,025
未払法人税	7,345	—	7,345
未払費用	8,216	2,205	10,421
前受金	127	△127	0
預り金	45,891	621	46,512
返品調整引当金	616	△72	544
子会社支援損失引当金	0	10,245	10,245
債務保証損失引当金	0	27,140	27,140
その他流動負債	193	772	965
〔固定負債合計〕	〔45,994〕	〔－〕	〔45,994〕
長期借入金	37,791	—	37,791
退職給付引当金	7,841	—	7,841
その他の固定負債	361	—	361
〔負債合計〕	〔489,317〕	〔40,562〕	〔529,879〕
資本金	31,341	—	31,341
〔資本剰余金計〕	〔14,518〕	〔－〕	〔14,518〕
資本準備金	14,518	—	14,518
〔利益剰余金計〕	〔13,962〕	〔△252,225〕	〔△238,263〕
利益準備金	5,042	—	5,042
別途積立金	7,020	—	7,020
配当引当積立金	2,600	—	2,600
特別償却準備金	200	—	200
（当期未処分利益）	(△900)	△252,225	(△253,125)
内当期純利益	2,044	△29,839	△27,795
有価証券評価差額金	△774	251	△523

自己株式	△130	―	△130
〔資本合計〕	〔58,917〕	〔△251,973〕	〔△193,056〕
〔負債・資本合計〕	〔548,235〕	〔△211,413〕	〔336,822〕

※脚注

割引手形	3,706	―	3,706

(注1) 貸倒引当金は、金銭債権の貸倒損失に備えるため、一般債権については貸倒実績率により、貸倒懸念債権等特定の債権については個別に回収可能性を勘案し、回収不能見込額を計上している。
(注2) 退職給付引当金は、従業員の退職給付に備えるため、当期末における退職給付債務および年金資金見込額に基づき、当期末において発生していると認められる額を計上している。
　　　なお、会計基準変更時差異（30,259百万円）については15年による按分額を費用処理している。
　　　過去勤務債務については、発生時の従業員の平均残存勤務期間による定額法により費用処理している。
　　　数理計算上の差異については、発生時の従業員の平均残存勤務期間による定額法により翌期から費用処理することとしている。
(注3) 子会社に対する短期金銭債権　　232,009百万円
　　　子会社に対する長期金銭債権　　　3,278百万円
　　　子会社に対する短期金銭債務　　 82,320百万円
　　　子会社に対する長期金銭債務　　　　　7百万円
(注4) 出資金には、子会社出資金1,104百万円を含めて記載している。
(注5) 担保に供している資産
　　　有形固定資産　　　　　17,060百万円
　　　投資有価証券　　　　　 3,815百万円
(注6) 保証債務　　　　　　　115,206百万円
出典：東京商工リサーチ「TSR REPORT　カネボウ2005年3月」
　　　東京商工リサーチ「TSR REPORT　カネボウ2005年8月」

(1) 修正貸借対照表の要約

修正貸借対照表を要約すると次のようになる。

債権	△17,453百万円
棚卸資産	△9,931

繰延税金資産	△22,946
関係会社株式及び投資有価証券	△96,998
貸倒引当金引当不足	△64,535
その他資産	450
資産計	△211,413百万円

債務保証損失引当金	27,140百万円
子会社支援損失引当金	10,245
未払費用	2,205
その他負債	972
負債計	40,562百万円
修正額合計	251,973百万円

　すなわち、平成15年3月期での粉飾金額は合計251,973百万円であったことになる。

(2) カネボウの粉飾の実態

　同社は売上げの過大計上などの粉飾のほかに、連結逃れや不良資産隠し等の粉飾を行っていた。また、子会社の判定基準が実質基準に改正された平成12年3月期後も、従来の形式基準を適用しての連結逃れの粉飾が行われていたようである[63]。

　連結逃れをしても、業績の悪い子会社は自力での資金調達能力に欠けるので、必要資金の大部分は親会社からの直接の融資を受けたり、

---

[63] 井端和男（2006）『粉飾決算を見抜くコツ　改訂版』セルバ出版、174頁。

保証を使って資金調達をする等が推察される[64]。その結果、平成15年3月期、子会社支援損失引当金10,245百万円や債務保証損失引当金27,140百万円の修正計上が行われたと思われる。また、貸倒引当金63,722百万円の計上も、貸借対照表の注記にある「子会社に対する短期金銭債権232,009百万円」からみて、おもに対子会社関連の貸倒引当金（注）であると推測される。

(注) 平成15年3月期の公表された連結貸借対照表の「資本の部502百万円」と単独貸借対照表の「資本の部58,917百万円」からみて、子会社のなかに相当の債務超過会社が存在していたことになる。カネボウと子会社の関係は次のようになる。

```
                債務保証      1,152億円
                関係会社株式   1,273億円
                                          ┌ 関係会社短期貸付金  1,640億円
  子会社に対する短期金銭債権  2,320億円    │
  子会社に対する長期金銭債権    33億円    └ 売上債権           1,274億円
 ┌─────┐                                            ┌─────┐
 │ カネボウ │                                            │ 子会社 │
 └─────┘                                            └─────┘
        子会社に対する短期金銭債務823億円（仕入債務1,006億円）
```

(3) カネボウと山陽特殊製鋼との比較

山陽特殊製鋼と、カネボウとを比較すると次の諸点が指摘できる。

① カネボウでは、子会社や関係会社を使った粉飾が中心である。一方、山陽特殊製鋼では、自社内単独での粉飾が中心である。

---

[64] 井端和男・前掲注63、181頁。

② 山陽特殊製鋼における負債の粉飾は、資産における粉飾を負債に付け替えたものが中心である。一方、カネボウでは、子会社を使った粉飾が中心のため、簿外の保証債務が1,152億円に達していた。

③ カネボウの財務分析を行うと、おもに子会社に対して約700億円の滞留債務がある。これは、子会社に対して資金貸付（1,640億円）や債務保証（1,152億円）を実行し、子会社に資金を調達させながら、一方では、債務の支払を滞留させ、結果として、約700億円の資金を子会社から環流させたことを意味している。これは資金面における決算操作であり、利益面のみをみていた従来の粉飾の概念と大きく異なっている。

④ カネボウにおいても、売掛債権や棚卸資産での粉飾がある。しかし、山陽特殊製鋼に比べて、そのウェイトは低い。また費用の資本化による粉飾は、カネボウにおいては見当たらない。

〈参考文献〉
・『カネボウ㈱　第87期　定時株主総会招集ご通知』平成16年6月14日。
・『カネボウ㈱　臨時株主総会招集ご通知』平成17年4月13日。
・『カネボウ㈱　第88期　定時株主総会および普通株主様による種類株主総会招集ご通知』平成17年6月14日。
・『カネボウ㈱　平成15年3月期連結財務諸表』EDINET　平成18年2月24日。

● コーヒーブレイク　**小が大を飲み込む**

　大が小を飲み込むことはありますが、逆に小が大を飲み込んでしまったのが、北海道に本社のある第2地銀の北洋銀行です。経営が破綻した北海道拓殖銀行を飲み込んでしまったのです。北洋銀行は、バブルの最中にも、いわゆるバブル投資をしなかった銀行です。したがって、不良資産の少ない優良な金融機関の一つといえます。

　この北洋銀行頭取の武井正直氏が、98年12月13日朝のテレビ（TBS）に出演し、概略、次のようなお話をされていました。

　「経営には異端妄信が必要だ。その時期に異端といわれることでも、正しいと思うことは万難を排して行わなければいけない。常識で判断してはいけない。常識で判断した結果がバブルであり、いまのデフレ不況なのだ」「護送船団方式とは、すなわち"赤信号、みんなで渡ればこわくない"ということである。周りがどうであれ、その時々に何が正しいことなのかということを考えるべきなのです」

　経済評論家の佐高信氏は、99年3月16日付の産経新聞誌上で、「金融界に二人だけ元気な人がいると思う。一人はいわずと知れた中坊公平さん（住宅金融債権管理機構前社長）。もう一人が北洋銀行頭取の武井正直さん。この二人の共通点は、バブルで浮れていたときに、それをおかしいと思っていたこと」と語っています。

　武井頭取は、1925年生まれの陸士出身で、大陸で終戦を迎え、死を覚悟されたご経験のある方です。武井頭取の透徹した考え方と、洒脱な生き方には、強く惹かれるものがあります。この人があって、現在の北洋銀行があるのだと思います。いま苦況にある日本にとって、最も必要な人物の一人ではないかと思う次第です。

出典：末松義章（2000）『入門の経営　倒産のしくみ』日本実業出版社、114頁。

第 3 部

粉飾決算防止に向けて

第10章

粉飾決算防止の方向性

　本章では、総まとめとして不正経理処理（粉飾決算）に走る経営者がなぜ減らないのか、またどうすればそれに歯止めをかけることができるのかに関して、現在の制度上の問題や改善策につき、あらためて私見も交えて提言してみたい。なお、本章は拙著『不正経理処理の実態分析』を一部修正のうえ、引用した。

1　監査役・内部監査部門の現状

(1)　監査役の現状

　企業統治における監査役の監視機能は重要である。過去における商法特例法をはじめとする商法の改正は、その経緯からみて、監査役の機能強化を行うことによって、不正な利益操作等の不祥事の発生を抑止することをおもな目的としてきた。しかし、外部監査人や監査役による厳しい監視が行われていると考えられる上場企業においても、不

正な粉飾決算がここ数年多発している。そこで、内部統制上重要な監視機能を担っている監査役の現状を調べ、問題点を指摘する。

日本監査役協会が、平成19年10月30日付で、「2007年における監査役及び監査委員会制度の運用実態調査」の結果を『月刊監査役』534号（臨時増刊号）で報告している。その調査結果のうち、監査役設置会社については次の点が読み取れる。

① 上場企業では、取締役会以外の常務会等の実質的な意思決定機関が、全体の70.5％に当たる1,429社の企業で存在している。1,429社のうち、15.5％の会社では監査役は常務会等に出席していない。一方、出席している監査役は、平成13年の調査では常勤のみである。すなわち、15.5％の企業では常務会に出席できておらず、意思決定に関与できていない（資料１）。

② 上場企業1,950社における監査役の総数は３～５人に集中してお

資料１　実質的な意思決定機関への監査役の出席状況

	全体	上場	非上場
回答社数（社）	2,566	1,429	1,137
１　すべての監査役が出席している（％）	12.1	9.6	15.4
２　あらかじめ決めた一部の監査役が出席している（％）	65.3	65.4	65.0
３　監査役の輪番で出席している（％）	2.9	3.7	1.8
４　その他（％）	5.9	5.7	6.2
５　監査役は出席していない（％）	13.5	15.5	11.0
無回答（％）	0.3	0.1	0.6

（注）　平成13年の調査時は、常勤監査役の出席の有無を聞いており、「常勤監査役全員が出席している」54.1％、「常勤監査役の一部が出席している」17.7％、「監査役は出席していない」28.0％等となっている。
出典：日本監査役協会（2007）『月刊監査役』No.534臨時増刊号120頁。

り、その割合は98.4％に達する。そのうち、社内監査役が存在しない企業が12.1％あるが、1～2人の企業が86.5％である。また、社外監査役は2～3人の企業が93.3％もある。

③　上場企業の監査役7,606人のうち、常勤と非常勤の割合はおおむね4：6である。社内監査役2,612人のうち88.2％が常勤監査役で、社外監査役4,994人のうち84.0％が非常勤監査役である。すなわち、常勤はおもに社内監査役が担い、非常勤は社外監査役が中心である。

④　次に、社内監査役2,612人の前職は、部長職が34.9％、取締役が21.6％、常務取締役が12.0％で、執行役員8.7％、専務取締役5.1％を合わせると合計82.3％である。すなわち、監査役になる前は、ライン職に従事しており、社長の任命によって監査役という職に就いたと推測できる。

さらに、情報収集の視点から、補助使用人（監査役スタッフ）と内部監査部門の設置状況をみると、

⑤　上場企業2,026社のうち、56.7％の企業が補助使用人を設置していない。さらに設置している企業42.1％（853社）のうち、補助使用人の人数が1人の企業は50.1％、2人の28.3％を合わせると78.4％である。すなわち、56.7％の企業が補助使用人を置いておらず、置いていてもせいぜい1～2人の少人数である（資料2）。

⑥　内部監査部門の設置は、平成13年に比べて大幅に増加（57.5％→90.8％）し、9割以上の上場企業で設置されている。

以上をふまえると日本の上場企業の監査役制度が抱える問題点として次の諸点が指摘できる。

　　a　上場企業における実質的意思決定機関である常務会等への監査

資料2　補助使用人（監査役スタッフ）の人数

（カッコ内は平成13年実施の調査結果）

	全体	上場	非上場
回答社数（社）	1,451（1,002）	853	598
0人（％）	0.1（ 0.0）	0.1	0.0
1人（％）	54.0（52.7）	50.1	59.9
2人（％）	26.8（24.1）	28.3	24.6
3人（％）	9.6（10.9）	10.3	8.4
4人（％）	4.7（ 4.1）	5.3	3.8
5人（％）	1.7（ 2.0）	2.2	1.0
6人以上（％）	2.3（ 5.4）	3.0	1.3
無回答（％）	0.8（ 0.9）	0.7	1.0
「設置している」会社の平均（人）	1.8（ 2.0）	2.0	1.7

出典：日本監査役協会（2007）『月刊監査役』No.534臨時増刊号95頁。

　　役の出席は、15.5％ができていない。さらに参加できる監査役も、常勤の社内監査役が中心で、社長をはじめとする経営陣からの影響力を完全に排除できる立場にはないのではないかと推測できる。
 b　監査役を補助する補助使用人（監査役スタッフ）の体制が不十分で、監査役の情報収集力等に重大な影響を与えていると推測される。

(2)　内部監査部門の現状

　次に、社内監視役として重要な役割を占めるとともに、監査役にとっても社内の現状を知るための重要な情報源でもある内部監査部門の

現状について指摘する。日本内部監査協会が、平成20年5月30日付で、「第16回監査総合実態調査 2007年監査白書」を発刊した。調査期間は、平成19年10月26日〜11月25日で、調査対象は4,296社、回収された有効回答数は1,473社（回答率34.29％）であった。その調査結果によると次の点が読み取れる。

① 内部監査部門は、組織上トップに直属している形態が88.4％を占めている。特に社長直属が、そのうちの76.8％を占めている。一方、監査役（会）・監査委員会に直属している割合は1.0％にすぎない。

② 内部監査の実施計画書の承認者は、内部監査部門長が49.2％と最も多く、これについで社長（総裁・会長等）が37.1％と多い。一方、

資料3　内部監査報告書の提出先（複数回答）

提出先	要約報告書のみ作成		詳細報告書のみ作成		両方を作成	
	平成19年	15年	19年	15年	19年	15年
社長（総裁・会長等）	88.6%	80.1%	84.6%	83.1%	84.8%	82.2%
取締役会・理事会	10.4%	9.8%	13.4%	8.2%	21.6%	13.1%
常務会	9.4%	7.7%	7.2%	6.7%	18.1%	11.6%
経営会議		7.3%		3.1%		8.4%
監査担当役員	11.0%	20.3%	18.2%	22.1%	26.4%	28.9%
監査役（会）または監査委員会	23.1%	11.8%	28.4%	14.9%	46.5%	23.6%
執行役	2.3%	3.3%	2.7%	5.1%	5.3%	3.3%
被監査部門担当役員・部門長	26.4%	3.7%	33.6%	30.8%	54.1%	43.1%

出典：(社)日本内部監査協会（2008）『第16回監査総合実態調査　2007年監査白書』41頁。

監査役（会）・監査委員会は1.0％と圧倒的に少ないことがわかる。
③　内部監査報告書原本の宛て先は、社長（総裁・会長等）が圧倒的に高い割合である。一方監査役（会）または監査委員会を宛て先とするものは、平成15年に比べて増加傾向にあるが、経営者を宛て先とするものに比べれば、いまだ低い割合である（資料3）。
④　さらに、内部監査報告書の写しの配布先をみると、監査役（会）または監査委員会は、要約報告書・詳細報告書ともに50％を超えており、平成15年に比べれば大幅に増加している。一方社長（総裁・会長等）への配布は30％台である（資料4）。

資料4　内部監査報告書写しの配布先（複数回答）

配布先	要約報告書		詳細報告書	
	平成19年	15年	19年	15年
社長（総裁・会長等）	35.9％	—	32.3％	—
取締役会・理事会	15.8％	13.1％	9.8％	7.0％
常務会	14.8％	8.6％	7.5％	5.9％
経営会議		7.7％		3.2％
監査担当役員	18.9％	19.5％	16.7％	22.0％
監査役（会）または監査委員会	60.0％	35.3％	52.6％	41.4％
執行役	6.8％	6.3％	4.3％	5.9％
被監査部門担当役員	59.5％	—	66.7％	—
被監査部門長		62.9％		65.6％
関連部門担当役員	26.2％	23.1％	27.9％	38.2％
関連部門長		33.9％		37.6％
会計監査人	4.9％	—	5.1％	—

出典：㈳日本内部監査協会（2008）『第16回監査総合実態調査　2007年監査白書』42頁。

以上のデータをふまえて内部監査部門と監査役との関係をみると、次の諸点が指摘できる。

a　内部監査部門は、あくまでも執行部門としての社長等に直属する組織で、社内監視役の要である監査役の配下に直属するものではない。したがって、現場サイドでの不正行為に対しては、内部監査部門が監視機能を発揮することは可能であるが、経営者が行う利益操作等の不正行為に対する監視には、限界があると推測される。

b　内部監査の結果についての監査役（会）・監査委員会への報告は、かなりの程度まで改善されており、執行部門の現場サイドの情報についての監査役等の収集力は大幅に改善されてきたと推測される。

(3)　ま　と　め

戦後の日本における会社法改正の歴史は監査役制度のあり方が中心課題であったといえる。しかしながら、粉飾決算等企業不祥事が多発する現状からみて、社内監視役の要である監査役のあり方について、いまだ制度面・運用面には欠陥があるといわざるをえない。

本来、株式会社においては、企業内で自らが自らを監視・監督すること、すなわち自らのことは自らの責任で行い、そして処理していくという自治の精神がその根源的かつ本質的な考え方であり、前提とするところである。この視点に立てば、経営者自身が自らを律することが最も重要ではあるが、企業内で経営者を第三者的に監視する組織なり存在が必要なことは自明の理である。この企業内における第三者的監視機能を果たす存在が監査役である。したがって、この観点からみ

れば、粉飾決算等企業不祥事が多発する現状からみて、監査役による社内監視機能にまだ問題があるのは明らかである。

　倉澤康一郎（2007）によれば「会社法改正の歴史は監査役制度改正の歴史だといっても言い過ぎではないくらい、日本では監査役制度というものが、時代とともに常に会社法制度の中心的な問題点となってきております。……わが国における会社法改正の歴史は、極言すれば、監査役制度改正の歴史であったと言うことさえできよう。なぜそのようなことが起こったかと言えば、自治的監視・監督体制の機能が、株式会社にとっての本質的要素ないしは存在基盤であることによるものである[65]」と指摘している。

　そこで、日本監査役協会および日本内部監査協会によるそれぞれの平成19年のアンケート調査の結果をふまえると、いまだ解決されていない課題として、次の諸点が指摘できる。

① 　常務会等のある上場企業のうち15.5％では、監査役は常務会等に出席できておらず、実質的意思決定機関である常務会等に出席ができている監査役は、社内監査役が中心で、実質的任命権者である代表取締役をはじめとした経営陣の影響を完全に排除できる立場にはないと推測される。

② 　内部監査部門の整備が進み、また監査役への内部監査部門からの報告が改善されてきており、執行部門の現場サイドについての監査役の情報収集力は改善されてきた。一方、監査役を補助し、手足となるべき補助使用人（監査役スタッフ）の体制が不十分なため、監査役による情報収集・整理等には一定の限界があると推測される。

65　倉澤康一郎（2007）『株式会社　監査機構のあり方』慶應義塾大学出版会、263、348頁。

③　内部監査部門は、あくまでも執行部門としての社長等に直属する組織で、経営者が行う粉飾決算等の不正行為に対する監視には、限界があると推測される。

　内部統制は、企業内部で起きる不正な経理処理などの不祥事を防止するための企業内の仕組みとして考えられている。しかし現実には、企業での不祥事は多発し続けた。その主要な理由として考えられることは、先に述べたように、実質的意思決定機関である常務会等への監査役の参加が義務づけられていない等、制度上の問題があるために、監査役による企業内部からの監視が不十分であったことが想定される。

　しかし、最も根源的な理由は、日本の社会における「和を以って貴しと為す」精神にあると考えられる。監査役といえども、組織のなかで経営者に対して異を唱えることは勇気のいることであるし、社内監査役の任命権や人事権が実質的に社長にある限り、職を辞すことを覚悟しなければならない。この点は与信管理者の組織内における立場と同一のものである[66]。その結果、尾高澄（1971）が指摘したように、「経営者が行う不正な経理処理は内部統制によって管理することが困難かつ無力[67]」な状態となりやすいためである。

　粉飾決算を実行し、中心的役割を果たすのが経営者であるという現実からみて、監査役が経営者から完全に独立することが、不正な経理処理を防止するうえでの本質的な条件の1つではないだろうか。

66　末松義章・前掲注2、12〜20頁。
67　尾高澄・前掲注23、55頁。

2 監査役を中心とした監視機能の歴史とその役割の変化

日本における企業内での監査役の監視機能が現在のような状態であることの背景には、次の諸点があると考えられる。

(1) 商法からみた歴史的背景

明治23年に日本で初めて制定された商法は、明治32年に改正された。この改正商法では、山村忠平（1997）によれば、「企業の所有と経営の分離を前提として、株主総会中心主義をとり、株主総会が最高かつ万能の決定機関であり、取締役は株主総会で選任される業務執行機関、そして監査役は株主総会で選任される業務及び会計の監査機関である[68]」としている。さらに山村忠平（1997）によると、「戦前にあっては、日本の株式会社では財閥と否とを問わず、大株主に株式が集中され、また大株主の中では持株会社のウエイトが高く、これらの大株主に企業支配の実権が握られていた[69]」と指摘している。

すなわち、戦前における日本企業の監査役は、企業支配の実権を握っていた大株主の代理人として、その業務・会計における監視機能は実効性があったと推測される。

一方、戦後の昭和25年に改正された商法では、米国型会社法の影響のもと、取締役会制度が導入された。この取締役会では業務執行に関する基本的な事項のみを決議し、業務の決定や執行は代表取締役に委

---

[68] 山村忠平（1997）『監査役制度の生成と発展』国際書院、63頁。
[69] 山村忠平・前掲注68、63頁。

ねられた。また、川村眞一（2006）によると、この改正商法では、「取締役会に取締役の職務執行の監督権を与えた結果、監査役の業務監査権と重複するため、監査役の業務監査権が削除された[70]」と指摘している。

この結果、監査役の権限が縮小され、監査役はもっぱら会計監査を担当する機関として期待された。しかしながら、戦後の財閥解体等によって企業支配の実権を握っていた大株主がいなくなるとともに、監査役の会計監査における監視機能も大幅に低下した。さらに、山村忠平（1997）によれば、「公認会計士制度の立ち遅れで、これが昭和23年に発足したばかりで、監査役の資格を要求することができなかった[71]」こともあり、監査役の会計監査機能は大幅に弱体化したといえる。

(2) 日本型労使慣行に起因する背景

昭和25年の商法改正は、山村忠平（1997）によると「戦時中に形成された年功序列、内部昇進制によるピラミッド型経営機構をそのままにしての、英米法の表面的な取締役会制度の導入[72]」であったため、取締役会による業務監査の効果は期待できる状態ではなかったとしている。

また、岸田雅雄（2008）によると「取締役会と監査役は、業務執行を行う代表取締役を取締役会と監査役（会）で二重に監督・監査するという方式を採用してきた。もっとも現実には多くの会社においては

70　川村眞一（2006）『現代の実践的内部監査』同文舘出版、207頁。
71　山村忠平・前掲注68、68頁。
72　山村忠平・前掲注68、68～69頁。

取締役も監査役も代表取締役が選任しており、取締役会も監査役も代表取締役を監督することは事実上困難であった。さらに、多くの会社の取締役や監査役は、従業員から昇格した者が多く、代表取締役を実際に監視し監督権を発動することは、ほとんどなかったというのが実情である[73]」と指摘している。

　昭和25年の商法は、米国の強い影響下において改正されたこともあって、戦時中から続く、労使慣行をそのまま温存したうえで施行されたために、代表取締役による執行活動を業務上も会計上も監視する機能が大幅に低下する結果となった。

　すなわち、監査役の選任は代表取締役が実質的に行っており、さらに実質的最高意思決定機関である常務会等に出席できる常勤監査役は従業員のなかから昇格した者が多いため、代表取締役の影響を排除することは困難であったといわざるをえない。そのために社内監視役の要である監査役の監視は実質的に機能していなかったと推測される。

　倉澤康一郎（2007）は、「近年あいついで起こった企業の不祥事は、監査役の権限の行使が所期のように十分にはおこなわれていないということをあきらかにした。……監査役制度のソフトウエアの充実にのみ立法の意図が向けられてきたのである。しかしながら、ソフトウエアが機能を発揮するためには、それにふさわしいハードウエアが必要であることはいうまでもない。特に監査役制度のハードウエアとしては、監査役の地位の経営者に対する独立性を確保しうるようなものである必要がある[74]」と指摘しており、監査役がその権限を十分に発揮

73　岸田雅雄（2008）「コーポレート・ガバナンスと監査」『日本監査研究学会　リサーチ・シリーズⅥ　会社法におけるコーポレート・ガバナンスと監査』同文舘出版、6〜7頁。
74　倉澤康一郎・前掲注65、338頁。

できていないのは、経営者に対する独立性が確保されていないためであると推測される。

(3) 銀行による監視機能の低下

　以上のような背景のなかで、戦後の復興期から高度経済成長期にかけて、特に昭和48年の石油危機頃まで、企業の旺盛な資金需要をまかなってきたのはおもに銀行であった。この銀行が、特にメインバンクを中心に、企業に対する審査を通じて監視機能を発揮し、昭和25年改正商法施行後の企業内における取締役会や監査役の代表取締役に対する監視機能の低下を、ある程度まで補完してきたと山村忠平 (1997)[75] は推定している。しかし、1980年代に入ると、企業はエクィティファイナンスによって資金調達ができるようになり、間接金融への依存が低下し、銀行離れが進んだ。その結果、橋本寿朗 (1995) によると、「銀行離れに直面して、銀行の行動も変化した。高度成長期までは、企業に対してメインバンクが審査、監視機能を発揮してきたと見られるが、1970年代後半以降になると、都市銀行は審査部門の縮小を図り、調査部門の機能も審査と連携した調査から、顧客への情報提供サービスのための調査へと変化した。そして取引開始条件を緩和した。……こうした変化は、誰も日本の大企業を有効に監視できないという重大な事態を生んでいた。……債権者としての銀行の監視機能

75　山村忠平・前掲注68、74～75頁。
　　大蔵省証券局年報（昭和42年版）46頁によると「銀行は、その取引会社の粉飾経理の事実を知りやすい立場にあり、かつ、その処理につき強力に指導できる立場にあることから、粉飾経理の一掃とその処理の円滑化を図るため、昭和40年11月より昭和41年3月までの間、主要銀行10行に対して協力を要請した」との記載がある。昭和40年に発生した山陽特殊製鋼事件をきっかけに、大蔵省から銀行に対して、粉飾一掃のための強い働きかけがあったことがわかる。

が大幅に低下したからである。したがって、日本の大企業は誰からも監視されない状態に置かれたのである[76]」と指摘している。すなわち、審査部門の縮小を図った結果、企業に対するメインバンクの審査による監視機能が大幅に低下することになったと推測される。その結果、大企業は企業内からもまた企業外からも、実質的な監視を受けていない状態になったと推測される。

(4) 外部監査人の機能不全

自治的組織体である株式会社においては、企業内で自らが自らを監視・監督するという自治の精神がその根源的かつ本質的な考え方であり、前提とするところである。この視点に立てば、経営者自身が自らを律することが最も重要ではあるが、企業内で経営者を第三者的に監視する組織なり存在が必要なことは自明の理である。しかしながら、経営者の暴走を防ぐ機能として期待されていた取締役会や監査役による監視機能が無力であったことは、粉飾決算等企業不祥事が多発する現状からみて明らかであった。

さらに銀行による企業外からの審査を通じた監視機能などが、実質的機能不全に陥っていたことになる。このような状況のなか、唯一残されていた監視役であった外部監査人としての監査法人自身も、古くは昭和40年に会社更生法の申請をして倒産した山陽特殊製鋼、最近ではカネボウやサンビシ等でみられるように、公認会計士が企業と癒着し、粉飾決算を黙認するケースがあった。このように、外部監査人としての監査法人も、必ずしも監視機能を十分に果たしていたわけでは

---

[76] 橋本寿朗（1995）『戦後の日本経済』岩波書店、201頁。

なかった。

　平成3年バブル崩壊後発覚した多くの粉飾決算を含む企業不祥事は、昭和25年の改正商法による企業統治のあり方と、現実の日本企業や労使慣行等のあり方との間における矛盾が爆発した結果と推測することができる。

(5) まとめ

　本章では粉飾決算などの企業不祥事の当事者である企業において、不祥事発生を防止するための企業統治としての内部統制のあり方や企業内における監視機能の要である監査役の現状と問題について述べた。

　平成12年大阪地方裁判所による「大和銀行株主代表訴訟事件」の判決によれば、取締役は内部統制システムを構築する義務があるとしている。また監査役も内部統制システムが整備されているか否かを監視する職務を負うとしている。

　しかしながら、現実には、監査法人の指摘によって、粉飾決算の事実が発覚した上場企業は、わずかである。また先に触れた担当会計士との癒着があった企業の例も指摘されており、経営者の暴走を牽制する立場の企業内における監査役と外部監査人の機能が十分に果たされていないことが推定される。

　田中弘（2004）は「かつてアメリカでは、キリスト教の、その中でもプロテスタントの非常に厳しい倫理が強く働き、不正に対する抑止力として機能してきた。会計や監査というのは、経営者の間にそうした倫理観やインテグリティ（高潔さ）が働いていることを前提とした世界なのである[77]」としており、内部統制システムの構築には、経営

者の倫理観とインテグリティが前提となっている。このことは、自治的組織体である株式会社では執行部門である経営者が自らを律していくことが要求されていることになる。この点こそが現在の企業統治における最大の課題といえる。

したがって、粉飾決算などの企業不祥事の多発する現状からみて、企業統治の仕組みを変えていくことが、現在最優先で実行しなければならない事項であるといえる。

しかしながら、監査法人の機能をよりいっそう強化することはもとより重要なことではあるが、自治的組織である企業の内部での監視機能の要である監査役には法制度上大きな監督権限と責任が与えられているにもかかわらず、監査役による監視機能が現実にはまだ弱い。これは、監査役の地位に就く人の地位・身分が経営者から独立し、安定したものになっていないこと、すなわち監査役の任命権が、実質的には経営者にあることがおもな原因と考えられる。そして、このことが粉飾決算の多発する最も根源的な原因ではないかと推測している。

現在の日本企業における粉飾決算多発の背景には、昭和25年に施行された商法が、米国型企業統治を採用し、取締役会制を導入したことにあると考える。すなわち、取締役会では業務執行に関する基本的事項のみを議決するとともに、戦前は監査役にあった業務監督権を取締役会へ付与し、その結果監査役の機能が弱体化した。もっとも、昭和49年施行の商法特例法によって、業務監査権は監査役へ再度付与されたが、監査役の監視機能はまだ回復するに至っていない。さらに、財閥解体による大株主の消滅等により、大株主の企業支配の実権を背景

---

77 田中弘・前掲注32、61頁。

としていた監査役の監視機能が大幅に低下する結果となった。また、戦前の年功序列や内部昇進制によるピラミッド型経営機構をそのまま残存した状態で、米国型企業統治を導入したうえに、さらに大株主不在もあって、取締役や監査役の実質的な選任を代表取締役が行うことになった結果、取締役会も監査役も代表取締役を監督することが事実上困難であったといえる。

さらに、企業内の監視機能を補完していたメインバンクによる審査を通じた監視機能についても、直接金融による資金調達の増加により、間接金融への依存が低下し、企業の銀行離れが進むことになり、銀行による外部からの監視機能が大幅に低下することになった。

以上の認識に基づけば、粉飾決算等の企業不祥事の発生を抑止する根源的かつ本来的な解決策は、社内監視役の要である監査役に対する実質的選任・任命権を代表取締役から外し、第三者機関へ移すこと等が考えられる。さらに、メインバンクにおけるかつての審査機能にかわるべき企業外からの監視機能、たとえば証券取引等監視委員会等の強化も重要である。

3　企業内自治機能回復のための施策[78]

　本章の論述で明らかなように、不正経理処理の多発は、その実行の中心的役割を経営者が担っているという事実からみて、経営者の自制心や倫理意識の欠如がその根本的原因といえる。しかしながら、その経営者を企業内で監視する立場にある監査役をはじめとした機能が不十分であったことも大きな原因である。すなわち、弱体化した企業の自治機能を回復させることが、不正経理処理を抑止するために、第一に実行すべきことである。

　そして第二に、戦後しばらくの間、メインバンクの審査が担ってきた企業外からの監視機能にかわるべき存在を新たに見つけていくことが重要である。筆者は、その新たな存在として証券取引等監視委員会の強化と、与信管理者による監視強化のための情報公開等を提案したい。

　以上の施策を実行することによって、犯罪行為である粉飾決算を抑止し、減少させることが可能となり、混乱した日本の社会や経済の秩序回復が達成できるのではないだろうか。以下に詳しく述べる。

(1)　経営者の意識改革

　粉飾決算などの企業不祥事の第一義的責任が経営者にあるのは自明の理であり、経営者には「誠実性と倫理的行動」が強く要請されるところである。しかしながら一方では、経営者が粉飾決算などの不正行

---

[78]　末松義章・前掲注16、184〜192頁。

為を行うことが割に合わないと考え、債権者や株主をはじめとするステークホルダーからの信認に応えるように仕向けるための仕組みづくりは重要である。

すなわち、米国に比べて日本における粉飾決算に対する罰則は軽い。たとえば米国では、財務報告に虚偽の記載がなされた場合、個人に対して「500万ドルの罰金または20年以内の禁固刑」が科せられる。一方日本では、会社法960条1項によると、特別背任罪として「10年以下の懲役又は1,000万円以下の罰金またはこれを併科する」とされている。

罰則には、犯罪発生に対する抑止効果があるといわれ、不正な経理処理である粉飾決算が多発する現状からみて、罰則を強化することが重要である。それによって、経営者が粉飾決算などの不正な行為を行うことが割に合わないと考え、粉飾決算を実施するのを抑止する効果が期待できる。もとより、経営者自身が誠実かつ倫理的に行動し、粉飾決算という犯罪に手を染めないことが最も求められることではあるが、粉飾決算が多発する現状からみれば、罰則の強化は喫緊に手当されるべき施策と考える。

(2) 監査役の地位・身分の独立

前項で触れたように、監査役の地位が経営者から必ずしも独立していない根本の原因は、監査役の実質的な任命権が代表取締役にあることではないか。この点について倉澤康一郎（2007）によれば、「監査役には非常に強大な監督権限と責任とが定められている。しかし権限がいかに強大なものであっても、それが行使されなければ絵に描いた餅であり、そしてそれを行使するのは人である。したがって、いかに

法制度として権限を強化しても、その地位に就く人の地位・身分を独立し、安定したものにしなければ、監査の充実は期待しえないということになる[79]。」と指摘している。

そこで、監査役が権限を行使しやすくするために、上場会社を念頭に置き、下記において思い切った提案をしてみたい。

① 第一の提案
1 監査役の候補は監査役会で選任し、株主総会で決定する。監査役の候補は主要なステークホルダーである従業員、株主、銀行等によって構成される。
2 株主総会で承認を受けるのは監査役のみとする。したがって、総会の議長は監査役が行う。
3 取締役は監査役が承認し、その結果を株主総会で監査役が報告す

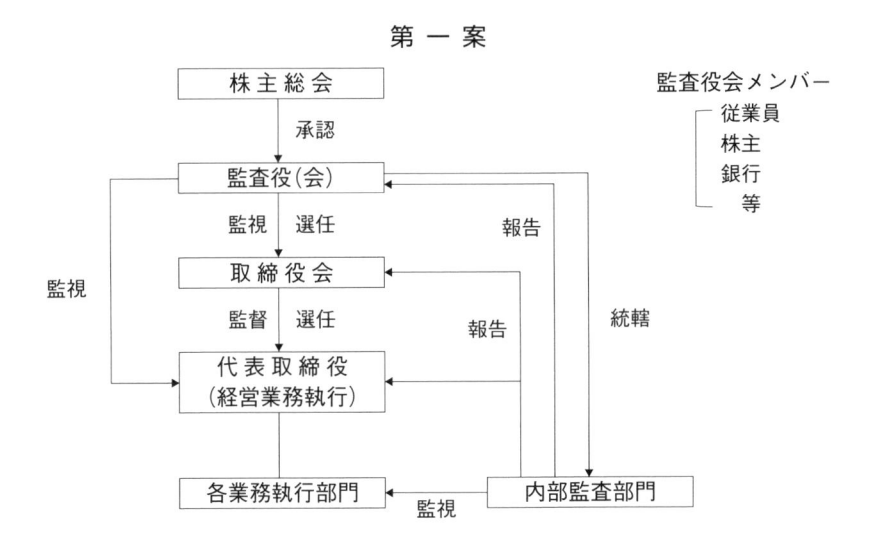

第 一 案

---

[79] 倉澤康一郎・前掲注65、330頁。

る。業務執行は従来どおり取締役が行う。
4 　監査役は従来どおり、業務監査権と会計監査権を有し、取締役の職務執行を監査する。
5 　内部統制上重要な役割を果たす内部監査部門の設置を法制化し、監査役会が内部監査部門を統括する。

　以上の制度改革を行えば、監査役は株主に選任される唯一の機関となり、その監視機能は飛躍的に向上すると推測される。しかし一方、取締役との軋轢や監査役候補の選び方、また監査役会内での軋轢等の問題が想定される。

　株主総会では、監査役会が選任を受け、取締役会や業務執行役員の選任は監査役会が行うという方式は、現在ドイツで行われている[80]。ドイツでは「従業員2,000人超の株式会社は、監査役については、従業員代表と株主代表を2分の1ずつ選任しなければならない。……監査役会の実態については、取締役会からの情報提供が少ないことと、従業員代表の監査役の場合、企業外の労働団体からの就任が多いこともあって、議論が雇用や労働条件に集中しやすい[81]」等としており、弊害も指摘されている。

　この点については、常務会等に監査役会の代表者が出席することを義務づけることにすれば、取締役会や常務会からの情報提供の少なさは解消できる。また、監査役が内部監査部門を統括することによって、社内執行部門の情報をすみやかに把握できることになる。

　監査役の出自については、従業員からの就任は企業内に限定し、他

---

[80] 　中央青山監査法人、経営監査グループ編（2002）『コーポレートガバナンスと経営監査』東洋経済新報社、59、105頁。
[81] 　中央青山監査法人、経営監査グループ編・前掲注80、105頁。

に株主代表と債権者代表も含め、広く社内外からの人選を図ることとし、公平妥当な判断を下せる人選を行うべきである。

② 第二の提案
1 監査役の実質的な任命権や人事権を外部の第三者機関、たとえば証券取引所や日本監査役協会等に委ね（以下「派遣監査役」という）、経営者からの完全な独立を確保する。最終的には株主総会での承認を従来どおり受けるものとする。
2 監査役の過半数は、第三者機関からの派遣者とし、この派遣監査役は常勤を原則とする。
3 派遣監査役は、さまざまな企業経験者を中心に構成され、第三者機関の判断によって、派遣先を決定する。派遣監査役の本籍は第三者機関であり、あくまでも現住所が派遣先企業との考えを徹底する。
4 派遣監査役は、監査役としての職務に秀で、かつ職務に対する誠実さと倫理意識の高さが求められるため、当面、企業を定年退職し

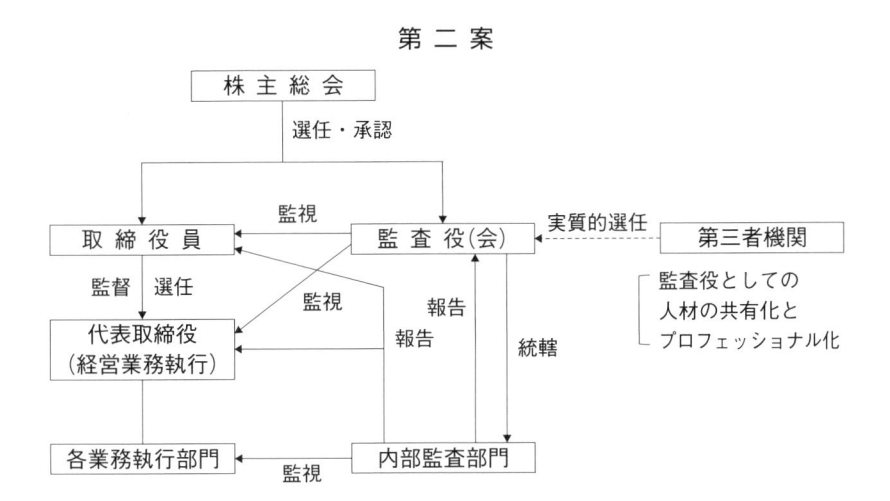

第 二 案

```
                  ┌──────────┐
                  │  株主総会  │
                  └──────────┘
                     │選任・承認
        ┌────────────┼────────────┐
        │   監視     │            │
        ▼   ←───    ▼  実質的選任  ┌──────────┐
   ┌────────┐   ┌──────────┐ ←---- │ 第三者機関 │
   │取締役員 │   │監査役(会) │      └──────────┘
   └────────┘   └──────────┘       ┌ 監査役としての
     監督│選任    監視 │報告          │ 人材の共有化と
        ▼         ▼   │報告         └ プロフェッショナル化
   ┌────────┐   ┌──────────┐
   │代表取締役│←──│           │
   │(経営業務│    │           │統轄
   │  執行) │    │           │
   └────────┘    └──────────┘
        │                 ▼
   ┌────────┐   ┌──────────┐
   │各業務執行│←──│内部監査部門│
   │  部門   │監視└──────────┘
   └────────┘
```

第10章 粉飾決算防止の方向性

た志気の高い「団塊の世代」を中心に構成する。
5 　常務会等の実質的な意思決定機関への監査役の出席を法制度上義務化する。
6 　監査役の情報収集力を高めるために、補助使用人（監査役スタッフ）の強化を義務化する。さらに内部監査部門の設置を法制化し、監査役が内部監査部門を統括する。

　本提案によれば、従前に比べて監査役の経営者からの独立性は高くなるとともに、情報収集力も高まることが期待される。しかしながら、実務的には、証券取引所や日本監査役協会等の第三者機関がどのようにして適切な監査役を任命することができるか等の問題点が課題となる。

③ 　第三の提案
1 　公的機関によって資格を付与された、たとえば「公認監査士制度」を導入し、一定の導入期間を経て、上場企業の常勤監査役はすべてこの資格所有者のみが就任できることとする。これによって監

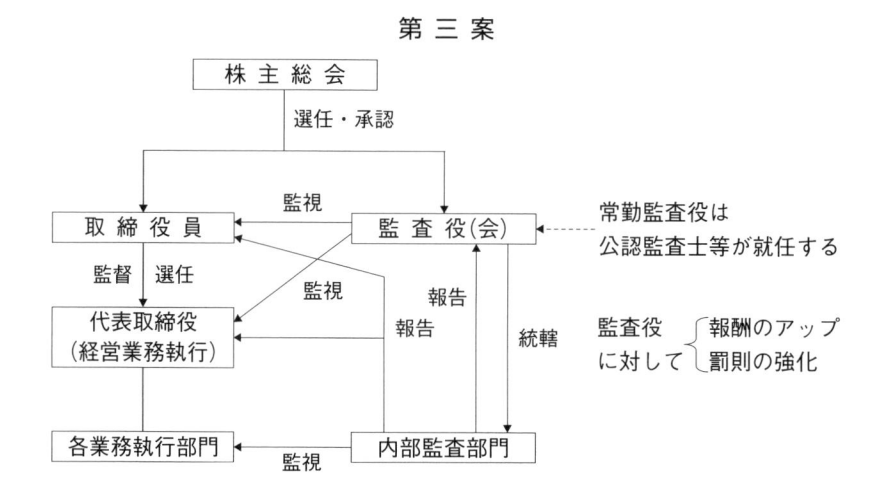

第 三 案

```
                    株主総会
                       │ 選任・承認
         ┌─────────────┼─────────────┐
         ▼                            ▼
     取締役員 ◄────監視──── 監査役(会)  ······ 常勤監査役は
         │                                    公認監査士等が就任する
    監督 │ 選任     ┌監視
         ▼          │  報告
     代表取締役 ────┤                        監査役  ｛報酬のアップ
     (経営業務執行)  │  報告    │統轄        に対して ｛罰則の強化
         │                     │
         ▼                     ▼
     各業務執行部門 ◄──監視── 内部監査部門
```

166　第 3 部　粉飾決算防止に向けて

査役の意識改革を行い、プロフェッショナルとしての自覚が生まれてくることが期待できる。なお、弁護士や公認会計士、税理士などの有資格者も常勤監査役への就任を認めるものとする。
2　日本監査役協会の調査[82]によれば、社内常勤監査役の報酬レベルは、回答企業総数3,434社のうち、平取締役と同レベルが39.1％、執行役員が22.7％、部長が15.9％で、これらで約8割弱を占めている。この点を改めるため、取締役社長とほぼ同一の報酬レベルへ引き上げたうえで、粉飾決算等の不正行為が行われたときには、それを抑止できなかった、またはしなかった責任について監査役にも厳しく追及し、経営者並みに罰則を強化する。
3　常務会等の実質的な意思決定機関への監査役の出席を義務化する。
4　監査役の情報収集力を高めるために、補助使用人（監査役スタッフ）の強化を義務化する。さらに内部監査部門の設置を法制化し、監査役が内部監査部門を統括する。
5　その他については、現状の会社法に準ずる。

以上の3案では、第一案は、現在の監査役による監視制度の問題点をかなり解消できると考えられるが、半面、企業統治に関係する法制度が変更されてまだ間もないなかで、あまりにも大幅な変更を強いることになる。さらに、日本における商法改正の歴史からみると、かなりの違和感があると考えられる。

また、監査役に強大な権力が集中しすぎるため、経営者とのバランスに片寄りが生じる等の新たな問題が指摘できる。

---

[82] 日本監査役協会（2007）『月刊監査役』No.534臨時増刊号158頁。

第二案は、第一案に比べてソフトランディングな方式といえるが、第三者機関による監査役の任命や人事を実務上どのようにこなしていくかが大きな課題となる。たとえばその企業にとって監査役として適任の人材をどのように発掘するか等の問題が推測される。

　しかしながら、第二案を採用することによって、監査役の経営陣からの独立性が一段と高まることとなる結果、監査役による経営陣に対する社内監視機能弱体化の根源的な原因が取り除かれることになり、企業自身の自治機能の回復が図られ、不正経理処理の発生を抑止する効果が期待できるのではないか。

　第三案は、現状を大幅に改善したものではなく、第一案や第二案とは異なり、抜本的な解決にはならない可能性もあるが、最も受け入れやすい現実的な施策と考えられるのではないか。すなわち、資格制度を導入することによって監査役にプロフェッショナルとしての自覚が芽生えることが期待できるし、報酬を社長並みにアップすることと並行して、一方では罰則を強化することにより、さらなる監査役の意識改革が促進されるものと推測される。

　以上、具体的に提案してみたが、筆者としては、最も現実的な「第三案」から試みを開始してはどうかと提案したい。

4 企業外からの監視強化

(1) 証券取引等監視委員会の強化と重点審査の実施

　企業外の監視強化については、前述のとおり、山陽特殊製鋼事件がきっかけとなり、昭和40年9月～昭和44年12月の約4年間、当時の大蔵省は重点審査と称し、多少疑問があると思われる企業399社の実態を調べた結果、128社で粉飾決算の事実が判明した。大蔵省が本腰を入れて調査に乗り出してからは、各企業は自発的に有価証券報告書を見直し、経理姿勢を正す等、大きな効果があったのである。

　不正な粉飾決算が多発し、増加する現状からみて、昭和40年代の大蔵省にかわるべき存在として、証券取引等監視委員会による疑問のある企業への立入り調査を本格的かつ大々的に実施すべきではないだろうか。いまこそ、犯罪行為である粉飾決算を日本国として容認することはありえないことを周知徹底することが重要であり、日本の社会・経済の秩序を回復するために必要な施策であると考える。

(2) 与信管理者による企業外からの監視

　従前は、メインバンクが実質的に企業外からの監視の役割を担ってきたが、経済環境の変化から、今後は与信管理者を中心に、各々の立場から、定量分析のみでなく、定性的情報の分析も含めて幅広く監視していくことが重要である。

　そのためには、次の諸点を前提とする必要がある。
① 　現在、会社法442条3項に、株主や債権者への計算書類の公開が

義務づけられているが、罰則規定がないこともあって実効性に乏しい。そこでこれを改め、上場企業以外の企業でも、特にいわゆる中企業以上の企業は、原価明細や経費明細および主な勘定の明細や注記事項等を含んだ、より詳細な財務諸表ならびに監査報告書の公開を義務づける。さらに公開を怠った場合、一定の期間経過後、商業登記の抹消を強制的に行う等の罰則を明記する。

公開方法としては、たとえば、商業登記を行った法務局に詳細な財務諸表等の提出を毎期ごとに行うことを義務づけ、法務局はこれを閲覧できるようにする。さらに、各企業には、電子公告を行うことも義務づける。

② 粉飾決算をした企業すべてに対して、粉飾決算発覚後、その内容や目的等を詳細に公開することを義務づける。刑事事件や民事事件として立件された企業以外もその対象とする[83]。この公開は、当事者である企業自身が本来行うべきことであるが、当該企業の監査役に第一義的に公開を義務づける。さらに会計監査にかかわった公認会計士ならびに税理士に対しても同様に義務づける。この義務を正しく実行した監査役、公認会計士、税理士等については、不正な経

---

[83] 昭和62年6月制定、昭和63年1月に施行され、平成12年および平成16年に改正された「刑事確定訴訟記録法」第4条によれば「保管検察官は請求があったときは、保管記録（刑事訴訟法第53条第1項の訴訟記録に限る）を閲覧させなければならない。ただし同条第1項ただし書に規定する事由がある場合は、この限りではない」としている。また同法第4条第2項には、「保管記録を閲覧させることが公の秩序を害することとなるおそれがあると認められるときは、閲覧させないものとする」とされている。今回、本論文を著すにあたって、保管記録の閲覧を東京地方検察庁確定記録係へ弁護士を通じて、要請したが、閲覧の許可を得ることができなかった。この辺の経緯は平成18年6月14日付弁護士松田純一氏による「刑事確定訴訟記録法調査のご報告」に記載されている。これは、平成12年、16年の法改正等により、運用がより厳しくなったものと推測される。また、同法では、刑事事件として立件され確定された案件のみに適用され、対象範囲が限定されている。

理処理を黙認や看過した罪を軽減することも視野に入れて、罰則規定を検討すべきである。

5 まとめ

　犯罪行為である粉飾決算に走る経営者に対して、粉飾決算は割に合わないと経営者自身に考えさせるための仕組みとして、罰則を強化することは重要である。さらに、社内監視役の要である監査役に対して、公的な資格付与制度を導入し、監査役のプロ意識を育成するとともに、報酬を社長並みにアップし、罰則を強化する等によって監査役の意識改革を促進することによって、企業の自治機能を向上させることが期待できる（長期的には、抜本的解決策である第一案または第二案等の導入に向けた検討を開始すべきと考えるが）。

　そして、証券取引等監視委員会による多少疑問がある企業への立入り調査を実施するとともに、財務情報や犯罪行為である粉飾決算の内容等についての情報公開を行うこと等によって、企業外からの監視がいっそう強化されると推測される。

　以上、かなり具体的に思い切った提案をしてみたが、今後わが国において、企業内の自治機能の回復と企業外からの監視強化によって、犯罪行為である粉飾決算の発生が抑止されることを強く望む次第である。

第11章

日本の社会・経済秩序の回復のために

「什の掟」について

　江戸時代の末期は、坂本龍馬や高杉晋作など、多くの才能ある人々が活躍した激動の時代でした。そんななかで、時代の流れに逆らってでも筋を通していった会津藩の生き方に、筆者は深い興味と関心を持っています。

　会津藩には、10歳以上の子弟を育てるための藩校、日新館がありました。そこに入る前の10歳未満の子弟が守らなければならない次のような約束事、「什の掟」がありました。

一、年長者の言うことにそむいてはなりませぬ
二、年長者には御辞儀をしなければなりませぬ
三、虚言を言うことはなりませぬ
四、卑怯な振舞いをしてはなりませぬ
五、弱い者をいじめてはなりませぬ

> 六、戸外で物を食べてはなりませぬ
> 七、戸外で婦人と言葉を交えてはなりませぬ
>
> 　六や七は現在の常識にそぐわないでしょうが、そのほかは単純なものばかりで、人間が社会生活を営むために最低限必要なルールといえます。
>
> 　企業の倒産が増え、従来の社会通念が崩れていくと、人間の本音というものが現れてきます。経営陣や政治家をはじめとした行政側の無責任さ、卑怯な振舞いには唖然とします。また、彼らを牽制すべき立場のマスコミの傲慢さや無責任さ、そして勉強不足にも大きな不安を感じます。エリートといわれる人たちのモラルの欠如に醜さを感じ、日本の将来に危惧の思いが募ります。
>
> 　元服前の子供たちでさえも、必死な思いで守ってきた単純な「什の掟」を、大の大人たちが守っていない、あるいは守ろうとしないのです。現在の日本の社会が混乱しているのは、守らなければならない社会通念が希薄になったことに、大きな原因があるのではないかと思います。

出典：末松義章（2000）『入門の経営　倒産のしくみ』日本実業出版社、66頁。

　本書では、審査部門の役割や位置づけを示すとともに、信用リスク・マネジメント（与信管理）を通じて、リスク・マネジメントの概念を明らかにした。そのうえで不法行為である粉飾決算がなぜ多発するのかを探求し、粉飾決算の発生を抑止するための方策をリスク・マネジメントの視点から提案した。

　粉飾決算は、詐欺行為であり、社会や経済の秩序を乱し、混乱に導く犯罪行為である。しかしながら、粉飾決算は多発しており、近年増

加傾向にあるのが現実である。粉飾決算の発生を抑止することは、日本における企業の健全な発展を促し、さらには混乱した日本の社会・経済の秩序を回復することにもつながるものと確信し、本書を世に問うものである。

　最近の粉飾決算事例を調べてみると、経営が破綻したり、東京地検特捜部や証券取引等監視委員会等による捜査が行われる直前まで、上場企業にもかかわらず粉飾の事実が隠されていたケースが多数見受けられる。そして、企業内で粉飾を実際に指示し、実行していたのは、現場や担当者ではなく、「経営者」が中心であることが判明している。これらの事実関係からみて、不法な行為である粉飾を実施しようとするさまざまな動機をコントロールすべき経営者自身の自制心や倫理意識の欠如と、粉飾の発生を企業内で監視し抑止する立場の監査役による経営者に対する監視が十分に機能してこなかったこと等が、粉飾多発のおもな原因であると推測することができる。

　株式会社は、本来自治的な組織である。すなわち、自らが自らを律し、自らを監視し、おのれ自身を自治していくものだ。しかしながら、粉飾決算が多発し、しかも東京地検特捜部等による捜査や調査が行われたり、破綻直前まで犯罪行為である粉飾の事実が隠されていたということは、これらの企業には自治的な機能が喪失していたことになる。さらに、経営者が粉飾実行の中心的役割を果たしていた企業は、全体の約8割にものぼっている。

　現在の日本では、社内における監視役の要である監査役には、企業の自治機能強化のために法制度上大きな監督権限が与えられている。粉飾決算などの企業不祥事が多発しており、また外部監査人や与信管理者等、企業外からの監視も十分に機能していないのではないかと推

測される以上、今後よりいっそう、監査役には大きな期待が寄せられることになる。

そこで、第10章において、粉飾決算の発生を抑止するための制度上の方策を提案した。しかしながら、最も重要なことは、経営者の誠実性や倫理意識にあるのは当然のことである。犯罪行為である粉飾を「粉飾は必要悪である」との意識で、粉飾に対する罪悪感を薄めているのが、日本社会の現状といえるだろう。

混乱した日本の社会や経済を回復させるためには、日本の国民各々が、立場ごとに「天に恥じないように、当たり前のことを当たり前に行う」という姿勢を貫き通すことが重要である。繰り返すが、「粉飾は他人を騙し、あざむく詐欺行為である」のだ。このような犯罪を世に放置せず、厳しく取り締まっていくとともに、各人がわが身の姿勢を糺していくことが、日本の混乱した社会・経済上の秩序を回復させていく大きなきっかけになると考える。

●コーヒーブレイク　**人を大切にすることが経済再生の出発点**

　北海道で事業を興し、一代で財をなし、さらに札幌学院大学の創立者でもあった、故・小林傭吉氏が掲げた社訓があります。
悠々たる大道、社訓にあり
　一、あなたの仕事を通して社会に奉仕しましょう
　二、あなたの仕事を通して家庭を幸福にしましょう
　三、あなたの仕事を通して会社を発展させましょう
　簡単な表現のなかにも、傭吉氏の人生観が明瞭に見えてくると思います。私はこの社訓が好きです。他人のために尽くし、家庭を大切にするなかで、自ずと企業も発展していく……、そんな仕事をする場を与えてくれるのが、会社の理想的なあり方といえるのではないでしょうか。
　社員を愛し、人を愛した傭吉氏には深い感動を覚えます。ところが、最近の企業経営者の経営姿勢には、「人を大切にする」意識が欠けています。従業員をコスト源としか見ておらず、経営が危なくなれば、人員削減によってのみ、企業の存続を図ろうとします。彼らには、従業員とは会社に収益をもたらす源であるという意識が欠落しているのです。
　現在、日本経済の危機が叫ばれている背景には、経営者が持っている人生観、さらには日本経済の風潮そのものに原因があるのではないかと思えてしかたがありません。
　絶対なる存在を畏れ、そして「他人を愛し」「他人のために尽くす」という気持ちのない社会には未来がないと思います。利己的な、自己中心的な社会には傲慢さや卑屈、そして絶望しかありえないのです。
　いまこそ、先達の思いに立ち返ってわが身の姿勢を糺すことが必要なときだと思います。それが日本の社会と経済再生の出発点になると確信しています。

出典：末松義章（2000）『入門の経営　倒産のしくみ』日本実業出版社、172頁。

企業審査とリスク・マネジメント
──与信管理強化、粉飾決算防止の処方箋

平成23年10月17日　第1刷発行

　　　　　　　　　著　者　末　松　義　章
　　　　　　　　　発行者　倉　田　　　勲
　　　　　　　　　印刷所　株式会社太平印刷社

〒160-8520　東京都新宿区南元町19
発　行　所　一般社団法人　金融財政事情研究会
　　　　　編集部　TEL 03(3355)2251　FAX 03(3357)7416
販　　　売　株式会社きんざい
　　　　　販売受付　TEL 03(3358)2891　FAX 03(3358)0037
　　　　　URL http://www.kinzai.jp/

・本書の内容の一部あるいは全部を無断で複写・複製・転訳載すること、および磁気または光記録媒体、コンピュータネットワーク上等へ入力することは、法律で認められた場合を除き、著作者および出版社の権利の侵害となります。
・落丁・乱丁本はお取替えいたします。定価はカバーに表示してあります。

ISBN978-4-322-11926-8